Acabe com o burnout antes
que ele acabe com você

Marny Lishman

ACABE COM O BURNOUT ANTES QUE ELE ACABE COM VOCÊ

APRENDA A VALORIZAR O QUE REALMENTE IMPORTA E MUDE SUA VIDA

Tradução: Roberto Nóbrega

principium

Copyright © 2025 by Editora Globo S.A. para a presente edição
Copyright © 2024 by Marny Lishman

Publicado sob contrato com a Kaplan/DeFiore Rights por intermédio da Agência Literária Riff Ltda.

Todos os direitos reservados. Nenhuma parte desta edição pode ser utilizada ou reproduzida — em qualquer meio ou forma, seja mecânico ou eletrônico, fotocópia, gravação etc. — nem apropriada ou estocada em sistema de banco de dados sem a expressa autorização da editora.

Texto fixado conforme as regras do Acordo Ortográfico da Língua Portuguesa
(Decreto Legislativo nº 54, de 1995)

Título original: *Burnout to Brilliant*

Editora responsável: Amanda Orlando
Editor assistente: Rodrigo Ramos
Revisão: Bruna Brezolini, Mariana Donner e Karoline Aguiar
Diagramação: Abreu's System
Capa: Estúdio Insólito

1ª edição, 2025

CIP-BRASIL. CATALOGAÇÃO NA PUBLICAÇÃO
SINDICATO NACIONAL DOS EDITORES DE LIVROS, RJ

L752a

Lishman, Marny
    Acabe com o Burnout antes que ele acabe com você: aprenda a valorizar o que realmente importa e mude sua vida / Marny Lishman; tradução Roberto Nóbrega. – 1. ed. – Rio de Janeiro: Principium, 2025.
    224 p. ; 23 cm.

    Tradução de: Burnout to brilliant : a practical guide to recharging, resetting and redesigning your life
    ISBN: 978-65-88132-61-6

    1. Burnout (Psicologia). 2. Estresse ocupacional. 3. Administração do estresse. 4. Técnicas de autoajuda. I. Nóbrega, Roberto. II. Título.

25-97279.0
    CDD: 158.723
    CDU: 159.944.4

Meri Gleice Rodrigues de Souza — Bibliotecária — CRB-7/6439

Direitos exclusivos de edição em língua portuguesa para o Brasil adquiridos por Editora Globo S.A.
Rua Marquês de Pombal, 25 — 20230-240 — Rio de Janeiro — RJ
www.globolivros.com.br

Para meus amores, Lali e Luca, muitos beijos.

Sumário

Introdução 9

PARTE 1 — CHEGANDO AO BURNOUT

Burnout 19
Sentindo as sensações 25
O que o estresse tem a ver com isso? 35
A sociedade e todas as suas dores 41

PARTE 2 — ALÉM DO BURNOUT

Apenas pare 49
Seja emotivo 61
Atente-se aos sinais 71
Controle seus pensamentos 81
Aprenda a ser 95
Analise sua infância 105
Alimente sua alma 117
Viva seus princípios 127
Crie hábitos saudáveis 137

Durma bem 147
Fale em voz alta 159
Divirta-se 171
Seja grato 181
Pratique a mudança 193
Viva com autenticidade 203

EPÍLOGO: ADIANTE 213

PLANO DE RECUPERAÇÃO DE BURNOUT 217

AGRADECIMENTOS 219
REFERÊNCIAS 221

Introdução

*A cura é uma questão de tempo, mas às vezes também
é uma questão de oportunidade.*

Hipócrates

No ano que passou, precisei de água. Não estou querendo dizer
que tenho sentido sede em excesso, nem que meu médico tenha
me dito que não tenho bebido líquidos o suficiente, ou que não
venho conseguindo beber os recomendados oito copos d'água por
dia. Tampouco é porque tenho percebido mais rugas em meu rosto ultimamente (apesar de isso ser um fato).

O que quero dizer é que experimentei uma necessidade intensa de estar *dentro* d'água. Como um chamado, um impulso,
um desejo de estar dentro d'água, na superfície ou debaixo dela.
Boiando, nadando, tomando banho de banheira, sentada dentro d'água ou simplesmente quicando de um lado para o outro.
Não era só uma rápida e descompromissada experiência aquática
que eu e provavelmente muitas pessoas praticamos diariamente.

Era uma sensação de ser puxada para a água pela mente e pelo corpo a fim de ser tranquilizada e ficar mais conectada ao momento presente. Porque, uma vez dentro d'água, sinto uma mudança, um sussurro do corpo dizendo que é ali que ele precisa que eu esteja, ainda que apenas por um instante. Uma simples reinicialização, atualização e recarga que reabastece algo dentro de mim que estava muito próximo do esgotamento poucos instantes antes.

Amar a água não é nenhuma novidade para mim, porém, talvez ao longo dos últimos anos eu tenha esquecido o quanto a amava (e precisava dela). Um efeito colateral de se chegar à vida adulta, para muitas pessoas, infelizmente envolve um lento desprendimento das atividades inatamente prazerosas que, na infância, ocupavam grande parte de nosso tempo. Paralelamente ao transcorrer dos anos, conforme passamos da adolescência para a idade adulta, e à medida que assumimos, um por um, papéis mais sociais, ocorre um desaparecimento silencioso dos hobbies que antes amávamos, muitas vezes sem mesmo percebermos. Com isso, desaparecem também as possibilidades de quem poderíamos ter nos tornado se os tivéssemos mantido.

Sendo uma "criança da natureza" que fica energizada por espaços naturais, sempre me senti à vontade cercada de água. Na infância, passava horas nadando na praia perto de casa. Aquela era a época em que a vida na praia era simples; antes de as famílias começarem a levar "bagagem" para a praia. Muito antes das obrigatórias barracas, bolsas, cadeiras, toalhas, chapéus, carrinhos e esteiras de praia, garrafas de bebidas e da necessidade de embalar cinquenta milhões de lanches para satisfazer a família. Naquela época, as crianças iam à praia apenas com a intenção de brincar e se divertir. Nadávamos o dia inteiro debaixo do sol sem preocupação alguma. Perigosamente, nadávamos em enormes ondas matutinas que lançavam nossos corpos na praia com a parte de baixo das roupas de banho repleta de areia, e mergulhávamos entre as instáveis e turvas correntes da tarde que nos puxavam centenas de metros mar adentro. Enquanto isso, nossos pais se bronzeavam distraidamente na praia, sem perceber que havíamos flutuado para longe.

A água me atrai, mas eu nunca ansiei estar imersa nela tanto quanto no ano passado. Sendo psicóloga e um ser humano razoavelmente reflexivo, não consigo deixar de tentar analisar o motivo disso. Talvez seja porque trabalhei sem parar com os clientes até a véspera de Natal, o que é algo que os psicólogos costumam fazer porque essa não é exatamente a época mais alegre do ano para muitos. Talvez seja porque não tirei muitas folgas para recarregar as energias e recobrar as forças durante as festas de fim de ano. Talvez seja porque há alguns anos não tiro um período adequado de férias. Talvez seja por causa de um luto não processado pelo falecimento de mais um ente querido. Talvez seja porque meu amado gato recebeu um diagnóstico recente de câncer. Talvez seja por causa da organização e dos cuidados diários com meu pai idoso e doente. Talvez seja a consequência de uma carga de trabalho excessiva que às vezes se torna difícil de manter em dia. Talvez seja por causa das demandas contínuas com relação ao meu tempo, cuja origem está nas muitas responsabilidades que assumo. Talvez seja porque todas as noites da semana levei adolescentes para os seus treinamentos esportivos. Talvez seja porque sinto que sempre decepciono as pessoas por ser impossível eu estar em três ou quatro lugares ao mesmo tempo. Talvez seja por causa de algumas pessoas com quem tenho trabalhado e que andam me pressionando demais. Talvez seja a perimenopausa se aproximando e a temperatura corporal anunciando o que está por vir. Talvez seja a fadiga da pandemia se manifestando de mansinho. Talvez tenha sido simplesmente porque o verão foi quente demais. Talvez tenha sido isso tudo. Mas seja qual for a causa, eu precisava ficar debaixo d'água. Muito.

Assim que dei uma boa nadada, me senti mais calma. Fui dominada por uma sensação de vitalidade e me senti em paz. Às vezes, somos movidos pelas emoções, e ficar na água me possibilitou parar, refletir e recobrar um estado emocional positivo. Tudo naquele dia ficou melhor por causa disso. Não sou nenhum Wim Hof, mas mantive os pequenos rituais com água para me reenergizar.

Se fôssemos todos mais sinceros com nós mesmos e desacelerássemos nosso ritmo, é provável que percebêssemos que corpo e mente sussurram algo para nós. É possível que nos falem sobre a necessidade de agirmos de forma um pouco diferente, ajustando alguns comportamentos, para que nos sintamos melhor em momentos de angústia. Se simplesmente parássemos e escutássemos, receberíamos informações valiosas sobre o que precisamos fazer (ou não fazer) para nos acalmar. Só que muitas pessoas não dão ouvidos a isso. Não param para perceber os gatilhos de estresse, as pressões ou as sensações. Em vez disso, simplesmente seguem em frente — durante dias, semanas, meses e anos — se transformando lentamente em pessoas que não são. Ao fazer isso, deixam de obter as informações valiosas que são sussurradas pelas partes de nós que nos conhecem melhor. Esses *insights* foram projetados para ajudar a nos conduzir para uma direção melhor, alinhada a uma vida mais adequada.

Talvez nossa exaustão esteja nos dizendo para ir mais devagar. Talvez nosso cansaço esteja nos dizendo que jornadas de trabalho de quatorze horas por dia são excessivas. Talvez o corpo repleto de dores esteja nos dizendo que não deveríamos passar o dia inteiro sentados em frente ao computador. Talvez a insônia esteja nos dizendo para conversar com nosso chefe sobre a carga de trabalho impossível. Talvez a irritabilidade matinal esteja nos dizendo para pegar mais leve nos vinhos à noite. Talvez a infelicidade esteja nos dizendo o quanto estamos desalinhados com nossas carreiras. Talvez as sensações de medo que vivenciamos estejam nos dizendo para manter distância de alguém. Talvez as palpitações no coração estejam nos dizendo para aprender a controlar a ansiedade. Talvez nossa morosidade esteja nos dizendo para passar mais tempo na natureza. Talvez o peso nos ombros esteja nos dizendo o quão sobrecarregados estamos. Talvez os resfriados intermináveis estejam nos dizendo que estamos esgotados e que necessitamos de ajuda.

Talvez precisemos de uma pausa. Talvez precisemos pedir demissão. Talvez precisemos trabalhar com aquilo que sempre quisemos trabalhar. Talvez precisemos dizer "não" às pessoas com mais frequência. Talvez precisemos dizer "sim" para nós mesmos com mais frequência. Talvez nossas emoções precisem ser sentidas pela primeira vez depois de muito tempo. Ser processadas. Servir de aprendizado. Utilizadas como catalisadoras para mudanças em nossas vidas. Talvez já tenhamos estado neste ponto. Talvez estejamos nele. Talvez não queiramos jamais chegar lá.

Fica difícil saber como prosseguir quando estamos esgotados. Uma vez atingido o ponto de inflexão, quando entramos no burnout, fica difícil enxergar o caminho a seguir. As competências físicas e psicológicas disponíveis para nos ajudar na recuperação, na cura e na criação de uma vida melhor estão totalmente reduzidas, ou tiraram uma merecida soneca por um tempo. Todas elas ainda existem... só que ficam esgotadas, sobrecarregadas e exaustas. É difícil traçar um caminho positivo estando com o espírito confuso. Mas se conseguirmos reunir alguma energia para aprendermos com nossas reflexões e com a curiosidade em relação a como e por que chegamos a esse ponto de burnout, as ideias que obtivermos podem levar a algo maior e melhor para nossa vida futura.

Após a fase de exaustão física e psicológica do burnout, assim que fazemos uma pequena pausa e começamos a recarregar as energias, algo de valor é produzido por essa experiência. Na verdade, uma coisa muito valiosa. Assim como acontece com todas as adversidades da vida, as individuais e as coletivas, passar pelo burnout costuma ser uma experiência transformadora. O burnout atinge nossa psique de forma tão implacável que se torna um catalisador poderoso para a mudança; é a noite escura da alma da qual achávamos não precisar. Se ficarmos atentos aos recados que transmite, e utilizarmos bem esse aprendizado, pode ocorrer uma enorme reviravolta psicológica. É o desprendimento do antigo e a criação do novo, com a firme intenção de não vivermos como antes.

É necessário um "conhecimento" sobre a origem do burnout, para começo de conversa. Talvez seja uma consequência da falta de uma rede de apoio quando tentamos criar nossos filhos. Talvez seja uma consequência da passividade diante da sobrecarga em nosso local de trabalho psicologicamente insalubre. Talvez seja uma consequência da atuação de um gerente que pratica a microgestão que nos levou à exaustão. Talvez seja uma consequência de comportamentos que buscam agradar as pessoas que nos leva a quase sempre dizer "não" para nós mesmos. Talvez seja uma falta de controle em nosso relacionamento que venha se acumulando há algum tempo. Talvez o trabalho tenha comprometido nossos princípios. Talvez estejamos fazendo demais aquilo que achamos que "devemos", em vez de fazer o que realmente queremos. Talvez a carga de trabalho excessiva seja impossivelmente ridícula ou entediante. Talvez seja porque somos viciados em trabalho e não fazemos ideia de como parar, ou talvez porque as expectativas depositadas em nós são maiores do que podemos oferecer. Talvez seja porque este mundo moderno e acelerado não permite que tenhamos espaço para parar... e escutar. Talvez seja porque este mundo moderno e acelerado tenha muitas coisas flagrantemente erradas.

Se "operacionalizarmos" um pouco mais a recuperação do burnout (e nos entusiasmarmos com essa ideia), isto pode envolver conversar, fazer reuniões sobre assuntos e estratégias específicos, conectar-se, abrir mão, reestruturar e desafiar. Pode significar chorar, gritar, tremer, rir ou socar a parede com toda a nossa força. Certamente implicará exercitar-se, dormir, meditar, abastecer o corpo com os alimentos corretos e passar tempo fazendo coisas que amamos. Significará ter conversas corajosas e às vezes desconfortáveis ou estabelecer limites no estilo ninja. Pode acarretar a desistência ou o início de algo. Pode significar dizer "não" ou "sim" mais vezes. Pode envolver ser corajoso ou ser medroso. Amar mais ou talvez até mesmo abandonar. Pode implicar apenas dizer "eu me rendo".

A recuperação do burnout consiste em nos reencontrarmos (porque, convenhamos, provavelmente sumimos durante um tempo), nos situarmos onde precisamos estar e darmos a nós mesmos o necessário para funcionarmos melhor. Pode significar ir para água, como eu faço quando a vida fica difícil. Pode até significar se afastar o máximo possível da água. Quem sabe? Seja o que for, cabe a nós descobrir.

Ao longo da minha carreira, trabalhei e conversei com centenas de pessoas que vivenciaram o burnout e se curaram. Conheci a fundo casos sobre sensações resultantes do burnout, qual pode ser sua origem e, com base na minha própria formação e experiência profissional, descobri o que é fundamental para se recuperar da síndrome. Estimulei psicologicamente meus clientes e os auxiliei na descoberta dos motivos pelos quais podem estar se sentindo do jeito que se sentem. Eu os ajudei a desbloquear os possíveis motivos do seu sofrimento no presente. E, o mais importante, aprendi o que precisamos acrescentar à nossa vida para nos ajudar a prosperar, mesmo em tempos difíceis, e a tornar a vida mais gratificante, sem espaço para o burnout.

Passar pela experiência do burnout e sair dele melhor do que antes envolve considerar a origem da síndrome, nos desafiar a viver de uma forma um pouco diferente e nos comprometer com um novo estilo de vida. Foi por isso que incluí considerações ao final de cada capítulo. Insisto para que reserve um tempo para parar, refletir, ponderar e escrever observações sobre de onde você veio, por que pode estar se sentindo de determinada maneira, para onde deseja ir e o que fará a partir de agora. Essas considerações o ajudarão a projetar como será sua vida deste momento em diante. O Plano de recuperação de burnout ao final do livro lhe permitirá ter clareza sobre o que você quer aprimorar, por que deseja fazê-lo, quais providências tomar e o tipo de apoio imprescindível para criar uma vida mentalmente mais saudável. Isso o ajudará a articular as medidas necessárias para se recuperar do burnout... e sair dele melhor do que nunca.

O burnout é o alarme que achávamos que nunca precisaríamos. E, melhor ainda, ele nos ajudará a criar uma vida pessoal e profissional melhor. Mesmo para aqueles que não vivenciaram o burnout propriamente dito, aprender como se curar dele continua sendo extremamente útil. A cura costuma estar na causa... Portanto, reservar um tempo para refletir sobre como realizamos as coisas, fazer pequenos ajustes, se necessário, e então nos orientar em uma direção que se alinhe melhor com a nossa identidade nos ajudará a projetar uma vida melhor do que jamais imaginamos ser possível.

Como Albert Einstein notoriamente disse: "Uma pessoa inteligente resolve um problema. Uma pessoa sábia o evita". Façamos os dois.

PARTE I
CHEGANDO AO BURNOUT

Burnout

Existe um consolo na doença,
que é a possibilidade de a pessoa poder se recuperar
e chegar a uma condição melhor do que jamais esteve.

Henry David Thoreau

Quando meu filho, Luca, tinha três anos, ele chamava de "outra coisa" tudo que não conseguia encontrar o termo correto para nomear, e, à época, pronunciava as duas palavras como se fossem uma só, "otracoza". Aprender os termos corretos para cada coisa leva tempo, e Luca, mesmo ainda muito novo, levava jeito para achar atalhos. Se houvesse uma forma mais fácil de fazer alguma coisa, ele descobria. Então, se não conseguia encontrar o termo correto para o que queria dizer entre as palavras de seu vocabulário, ele chamava o que quer que fosse, muito apropriadamente, de "outra coisa". Se eu perguntasse o que ele queria comer no lanche, ele respondia "outra coisa". Se eu perguntasse do que ele queria brincar, ele dizia "outra coisa". Se eu perguntasse a qual filme ele queria assistir, ele respondia "outra coisa". Se eu perguntasse o que ele estava fazendo, obviamente, era "outra coisa". Certa tarde, no jardim de infância, ele trouxe para casa uma de suas pinturas extremamente coloridas, na qual a professora escreveu, no canto superior, o nome do artista e a descrição da obra de arte: "Outra coisa", de Luca.

Avançamos uma década e, sempre que meus filhos e eu nos deparamos com fenômenos esquisitos — acontecimentos, situações, objetos e até pessoas difíceis — que são indescritíveis, ainda nos acabamos de rir chamando o que quer que seja de "outra coisa". É uma piada interna da nossa família que ninguém de fora entende. Ora, o burnout é outra coisa.

As pessoas abusam do termo "burnout" hoje em dia. É utilizado principalmente quando alguém descreve uma exaustão extrema em relação a alguma coisa ou a diversas coisas que lhe estão causando estresse. É um termo que os autores gostam de associar à imagem de uma fileira de palitos de fósforo, em que um deles está queimando no início da sequência e, progressivamente, vários outros depois dele também queimam lentamente até não restar nada. E para aqueles que já passaram pelo burnout, essa imagem os representa com bastante precisão — uma pessoa que antes se sentia plena, ativa, iluminada e reluzente, agora sente-se fragmentada, apática, melancólica e aborrecida, como se não lhe restasse nenhuma energia para ser funcional. Sua luz se apagou.

O burnout foi incluído na 11ª Revisão da Classificação Internacional de Doenças (CID-11) da Organização Mundial da Saúde (OMS) em 2019 como um fenômeno puramente ocupacional. Isso comprova a seriedade da doença e seu aparente agravamento nos últimos tempos. O burnout está descrito na CID-11 como "uma síndrome conceituada como resultante de estresse crônico no local de trabalho que não foi corretamente administrado" e é caracterizado "por três dimensões que compreendem os sentimentos de esgotamento de energia ou de exaustão, o aumento do distanciamento mental e os sentimentos negativos em relação ao contexto ocupacional da pessoa e a subsequente redução da eficácia profissional resultante".[1]

A recente definição da CID-11 afirma que o burnout refere-se especificamente a fenômenos no contexto ocupacional e que não deveria ser utilizado para descrever experiências em outras áreas da vida. Contudo, sem a menor sombra de dúvida, vamos utilizá-lo para todas as outras áreas da vida nesta obra. O somatório de nossas partes forma um inteiro. Quando estamos sofrendo com burnout, as reações resultantes das coisas que acontecem ou não em cada área de nossas vidas ficam inseparavelmente associadas, quer a gente queira ou não. O mesmo cérebro opera em todas essas áreas. Não podemos tirar o cérebro e colocar outro, dependendo do dia. Não é uma jaqueta. Somos seres sencientes em constante estado de absorção do que está acontecendo em nossos ambientes em mudança. Como diz o velho provérbio: "Onde quer que você vá, lá está você", e o mesmo acontece com a nossa experiência de burnout. Onde quer que nosso cérebro esteja, seja lá o que perceba, o que quer que esteja sentindo, seja qual for o modo como ele orienta nosso comportamento e como nos leva a interagir com o mundo... Ah, aí estamos nós. Burnout está ligado a tudo. E pode ser vivenciado por qualquer pessoa.

O burnout é uma síndrome psicológica que nasce de uma resposta prolongada a gatilhos crônicos de estresse no contexto da vida de uma pessoa. É uma condição de exaustão mental, emocional e física que surgiu devido à resposta ao estresse no sistema nervoso de um indivíduo, que está continuamente em estado de alerta, como se essa pessoa estivesse o tempo todo sob ameaça. Existe uma ampla gama de sintomas de burnout que alguém que sofre da síndrome conheceria bem até demais, uma vez que percebesse o que é. O problema é que essa "percepção" costuma ser demorada, e leva algum tempo para as pessoas se recordarem dos sinais de burnout e da origem de tudo. Isso acontece porque esse negócio de burnout costuma ir crescendo dissimulada e lentamente antes de nos dar um tapa na cara.

Portanto, considerando que é possível que não saibamos que temos isso nem que estamos nos aproximando disso, como vamos prevenir (ou evitar que aconteça novamente)? Nós não acordamos um dia com o burnout, simplesmente. Não sentimos uma leve constipação de cansaço e pegamos um teste rápido de antígeno no armário de remédios para verificar se testamos positivo para burnout. Às vezes podemos estar com burnout sem nem perceber. O burnout tem o costume de chegar de fininho e nos dominar com o passar do tempo. Podemos estar ocupados demais para perceber, ou talvez tenhamos funcionado tanto tempo dessa forma que nos tornamos a personificação do burnout. De qualquer maneira, nosso cérebro e nosso corpo estão desalinhados, em um estado de enfermidade. Estão nos dizendo que algo está desregulado, e provavelmente isso vem sendo dito há algum tempo. Portanto, fiquemos atentos.

A exaustão mental, física, emocional e espiritual é o tema dominante do burnout. É um guarda-chuva de exaustão que abrange uma miríade de sintomas internos que começam a aparecer lentamente com o passar do tempo e depois se manifestam em nossos comportamentos, podendo afetar todas as diferentes facetas da nossa vida e todas as coisas externamente. Ele nos faz transbordar com emoções diferentes, tolhe nosso intelecto, confunde nossa lógica, nos distancia daqueles que amamos, nos adoece, sabota nossos objetivos e nos convence a desistir dos nossos sonhos. Pode até nos levar a desejar a morte. Sim, é verdade.

O burnout nem sempre acontece por causa de montes de coisas ou de quantidades enormes de qualquer coisa. Pode ser a consequência de nossa experiência com muitas coisas ou uma só. O burnout não é provocado exclusivamente por ambientes de trabalho ou por uma quantidade demasiada de responsabilidades particulares que pesam sobre nós. Não precisamos ter uma programação de shows parecida com a da Beyoncé ou a agenda do primeiro-ministro para acabar sofrendo com burnout. A condição principal é que o burnout pode ser vivenciado por qualquer pessoa com níveis prolongados de estresse crônico, acúmulo emocional e pressão que representem sobrecarga, e esses sentimentos podem ser provocados por diversos fatores.[2] Ninguém está totalmente imune. Pais ou mães solo, pais ou mães solteiros e um pai ou uma mãe com um(a) companheiro(a) podem sofrer com o burnout.[3] Pessoas sem filhos podem sofrer com o burnout. Adolescentes podem sofrer com o burnout. Funcionários corporativos e seus líderes podem sofrer com o burnout. Músicos, atores, atletas, empreendedores e artistas podem sofrer com o burnout. Profissionais de saúde, cuidadores e estudantes podem sofrer com o burnout. Professores, médicos, enfermeiros e veterinários podem sofrer com o burnout.[4] Psicólogos podem sofrer com o burnout. Esta que lhes escreve quase passou por isso.

São variadas e complicadas as definições existentes para o burnout. Em seu nível mais simples, o burnout está relacionado a sensações. Chegamos ao burnout quando não estamos sendo guiados por nossas sensações, e isso acontece por vários motivos. As sensações são 100% válidas para nós naquele momento, mas muitas vezes não são canalizadas da forma correta para que se tornem úteis. Isso não é culpa nossa (na maioria das vezes). Dito isto, muitas pessoas podem se sair *muito* melhor no aprendizado de como lidar com os sentimentos. Mas é para isso que estamos aqui, certo?

DO BURNOUT AO BRILHANTISMO 23

Sentindo as sensações

Sentir todas as suas sensações é difícil, mas é para isso
que elas existem. Sensações são para serem sentidas.
Todas elas. Até mesmo as mais difíceis.

GLENNON DOYLE

UMA SENSAÇÃO É uma experiência de emoção. É uma experiência consciente e subjetiva de emoção que, dada uma situação ou um caso específico, pode nos fazer reagir de maneira diferente dos outros à nossa volta. É por isso que nossos amigos, familiares e nosso vizinho do fim da rua sentem e se comportam de uma forma um pouco diferente depois que algo acontece, ainda que a experiência contextual seja a mesma. Enquanto escrevo este parágrafo, minha cachorra, Chilly, está sentada ao meu lado. Estou esperando uma encomenda que chegará hoje e, quando o carteiro bater à porta, minha sensação (empolgação quanto à chegada de mais um livro... oba!) será muito diferente do sentimento de Chilly (alerta quanto à batida na porta pelo carteiro, que ela detesta). Mesmo acontecimento, interpretações diferentes, sensações diferentes e, provavelmente, comportamentos muito diferentes (eu, caminhando saltitante até a porta; Chilly agindo com extrema cautela).

Nossas sensações nos motivam a fazer as coisas na vida. Elas nos ajudam a nos comportar de determinadas maneiras e orientam nossas ações para termos mais das sensações "boas", ou para nos afastar de algumas das sensações "ruins". Podemos estudar para nos sentirmos mais inteligentes, podemos trabalhar com maior intensidade para nos sentirmos importantes, podemos malhar para nos sentirmos mais fortes, podemos passar um batom vermelho para nos sentirmos mais atraentes e podemos entrar em um aplicativo de namoro para nos sentirmos amados. Também podemos terminar um relacionamento para deixar de nos sentirmos tão controlados, podemos dormir mais cedo para ficarmos menos cansados e podemos diminuir nosso horário de expediente no trabalho para não nos sentirmos tão ocupados ou apressados.

As sensações também podem ser físicas. Podemos vestir um casaco de lã para nos sentirmos aquecidos, beber alguma coisa para nos sentirmos saciados ou receber uma massagem para nos sentirmos relaxados. Costumamos nos sair melhor quando se trata das sensações físicas, mas quando se trata das sensações como uma expressão de emoções, digamos apenas que estamos progredindo. E quando digo que estamos progredindo, quero dizer que ainda há muito trabalho a ser feito nesse aspecto.

Como mencionei, uma sensação é uma experiência de emoção. As emoções são poderosas. Elas nos fornecem informações valiosas sobre nosso ambiente no momento presente. O certo é sentirmos toda a gama de emoções conforme trilhamos nossa própria jornada, e então fazermos algo a respeito quando as estamos vivenciando. Em seguida, devemos prosseguir com o aprendizado sobre o ambiente suscitado pelas emoções. As emoções são fundamentais para a nossa sobrevivência e, nos tempos atuais, não as levamos a sério o bastante. Na verdade, muitas pessoas as ignoram.

Trinta mil anos atrás, nossos antepassados estariam caminhando pela savana, cumprindo seus deveres e constantemente verificavam o que acontecia em seu ambiente. Obviamente, eles não tinham fechaduras nas portas, alarmes para avisá-los sobre alguma emergência nem outros sistemas de segurança, recursos que muitas pessoas têm o privilégio de ter na atualidade. Tenho quase certeza de que não havia nenhuma placa de "Cuidado com os leões" pelas trilhas da savana naquela época, tampouco relatos na imprensa sobre a "Gangue de neandertais" local arrombando cavernas novamente. Nossos antepassados confiavam em seus sentidos afinados para receber as informações de que precisavam em seu ambiente. Se estivessem caminhando pela savana com seu bando, um predador que cruzasse seu caminho provocaria uma resposta ao estresse no cérebro e no sistema nervoso antes que qualquer pensamento racional ocorresse. Dentro de milissegundos, a emoção do medo seria sentida e uma sequência de eventos psicológicos e físicos para otimizar suas chances de sobrevivência — lutar ou fugir — teria sido desencadeada. Seus sentidos lhes trariam informações valiosas sobre a ameaça diante deles, com o cérebro, então, concentrando todos os seus recursos nessa ameaça; o coração direcionando sangue para os membros, as glândulas suprarrenais bombeando adrenalina e cortisol por suas veias e as funções corporais que são secundárias para a sobrevivência sendo diminuídas.

Os que não se sentissem assustados ou temerosos em um momento desses provavelmente seriam mortos. A "sensação" dessas emoções foi fundamental para a nossa sobrevivência no passado, e nos adaptamos para ter os recursos psicológicos que nos capacitam para sentir essas emoções agora. Não estaríamos aqui sem eles. As emoções que percebemos como "negativas" e que tantas vezes consideramos desconfortáveis sentir foram fundamentais para que permanecêssemos vivos, e é por isso que as temos atualmente. Tão importantes quanto o medo e o estresse, existem muitas outras emoções como raiva, vergonha, arrependimento, tristeza, culpa e repulsa, que precisam ser sentidas. Por mais desconfortáveis que sejam as sensações, elas sinalizam coisas importantes sobre as emoções e sobre como interpretar as informações que resultam do ambiente.

No caminho para o burnout, começamos a sentir cada vez mais essas emoções negativas (porém, muito necessárias), repetitivamente, durante muito tempo. Contudo, podemos não as ter sentido em sua plenitude. Provavelmente tenhamos prosseguido apesar delas, negando-as, ignorando-as ou até mesmo racionalizando-as. Independentemente da maneira como lidamos com elas, não as utilizamos da forma que deveriam ser utilizadas. Não as sentimos da forma que precisavam ser sentidas. Negamos a nós mesmos informações poderosas sobre o que não estava funcionando em nosso ambiente e sobre o que precisávamos fazer para nos sentirmos novamente em paz.

Muitos de nós não somos emocionalmente ágeis o suficiente (o que não é culpa nossa). Não utilizamos as emoções da forma correta. Se sentimos uma emoção, mas nada fazemos a respeito, ela permanece dentro de nós por mais tempo do que deveria. Junte algumas emoções, todas elas inalteradas, e o que nos resta é uma grande miscelânea de emoções intocadas, não processadas, não resolvidas, como uma grande sopa de desespero que nos esgota. Infelizmente, a essa altura, não temos energia para retirar o filtro e dar sentido a tudo. Então, sim, existem muitos motivos pelos quais somos vítimas do burnout, mas, antes de entrarmos neles (e sairmos deles), vejamos como é e qual é a sensação dessa panela quente do burnout.

O cantor e compositor estadunidense Michael Gungor escreveu: "O burnout é o que acontece quando a pessoa tenta evitar ao máximo ser humano". Nunca houve uma definição mais verdadeira sobre o burnout. Somos humanos e, como tal, precisamos sentir, mas a maioria das pessoas não age de uma forma que as possibilite ser como evoluíram para ser. A sociedade moderna também não favorece isso. Precisamos sentir nossas emoções plenamente. Caso contrário, elas se acumulam e não só nos esgotam, como podem provocar ainda mais estragos emocionais, guiando-nos por rumos que nos distanciam de quem realmente somos.

Emocionalmente, as pessoas que vivenciam o burnout relatam a sensação de insatisfação real, e muitas vezes têm dificuldades para sentir felicidade em quaisquer áreas da vida (mesmo se a causa principal da insatisfação tiver origem em uma única área). Se você já se sentiu cronicamente estressado em consequência do que acontecia no seu local de trabalho, é provável que também se sinta estressado em casa. A sensação de um estresse inexorável e uma pressão avassaladora é comum no burnout, e algumas pessoas vivenciam uma tristeza ou um vazio que não conseguem explicar. Além disso, as sensações de ansiedade ou pavor estão presentes (acontece com mais frequência do que não acontece), aliadas a uma sensação de pânico que assume o controle dependendo da ocasião. É como se o sistema nervoso funcionasse em alerta máximo e não precisasse de muita coisa para acioná-lo (o que, da perspectiva da neurociência, é verdadeiro). Nessas condições, as pessoas sentem como se não tivessem mais nada a oferecer.

Outro aspecto sobre um sistema nervoso que vive no limite é que ele cria uma pessoa mais irritada, furiosa e impaciente, com um pavio muito curto. E se essas emoções não mudarem, a pessoa fica propensa a se sentir cínica, exausta ou até mesmo desdenhosa. Alguns anos atrás, eu tinha um cliente que não conseguia suportar nem um pouco seus colegas de trabalho. Tipo, *nem um pouco mesmo*. Ele havia trabalhado com eles nos últimos quinze anos; tinham frequentado a universidade juntos, cursando a mesma faculdade, e eram amigos de longa data. Porém, tudo estava mudando devido às pressões do trabalho e a questões não resolvidas. Quando pressionado (por mim, é claro) a explorar algumas das características favoráveis dos colegas, ele não conseguiu encontrar nenhum pingo de positividade em nenhuma das pessoas com quem havia passado nove horas por dia durante anos. Nenhum. Simplesmente não havia sobrado nada mais para ele ver, tampouco qualquer desejo de se reconectar. Ele estava emocionalmente farto do trabalho e dos colegas.

As emoções também têm a capacidade (se não sentidas adequadamente e utilizadas em nosso benefício) de se manifestar sorrateiramente como sintomas físicos e doenças. Praticamente todas as pessoas que sofreram com o burnout sentiram exaustão. E não é o tipo de exaustão que pode ser resolvido indo para a cama mais cedo e tendo uma boa noite de sono para compensar. É uma fadiga de outro nível, que deixa a sensação de que a pessoa não tem nem mais uma gota de combustível para fazer funcionar seu cérebro ou seu corpo.

Sentir-se desligado, isolado e quase dissociado da vida real é comum, juntamente com uma desconexão da própria identidade. Algumas pessoas descreveram sua experiência como se olhassem para si mesmas de cima, de fora do seu próprio corpo, observando-se praticar todas as tarefas automáticas do dia a dia sem qualquer sentimento. Um cliente meu sentia que simplesmente "não estava lá" mais, e fizemos piada (sim, mesmo nos momentos mais difíceis, meus clientes e eu conseguimos encontrar situações para fazer piada) dizendo que ele havia se tornado "o artista antigamente conhecido como" Scott. Ele acreditava estar destinado a tornar-se um símbolo, se não embarcássemos em uma nova jornada — uma jornada para descobrir sua identidade (o que, obviamente, conseguimos).

Quando não lidamos com as ameaças percebidas de uma forma útil, o cérebro nos induz a atenuar o sofrimento emocional de uma forma inútil. Nosso cérebro não fica agitado quando nossa vida se esgota — é por isso que as pessoas que sofrem com o burnout muitas vezes pioram as coisas ao abusarem de substâncias como drogas e álcool, que podem trazer alguma melhora por um instante, mas, inevitavelmente, pioram as coisas a longo prazo. Muitos clientes meus relataram início de consumo excessivo de álcool próximo à época em que sentiam um estresse implacável. Em uma tentativa de se acalmarem sozinhos, procuram aquilo que lhes é familiar e que sabem que os faz sentir-se bem — uma "solução" razoavelmente comum para quem sofre com o burnout.

O burnout também tem a tendência de atrapalhar totalmente o sono. A coisa mais irracional a respeito do burnout é que dormir é aquilo que as vítimas da síndrome mais desejam, mas é algo que muitas vezes não conseguem fazer o suficiente. O sono pode ser inconsistente, sendo comum a pessoa ter momentos de sono profundo e demasiado em ocasiões erradas e não conseguir dormir nas ocasiões certas. Pode começar com uma dificuldade para adormecer, ou com a pessoa acordando às duas horas da manhã, pensando sem parar, com inquietação, preocupando-se e remoendo pensamentos desnecessariamente. O burnout provoca um caos no sono em um período em que estamos com o cansaço no nível máximo, deixando-nos sem vontade de sair debaixo das cobertas pela manhã.

Mentalmente, as pessoas que sofrem com o burnout sentem como se tivessem "perdido o interesse". Elas não têm interesse nas coisas que antes amavam fazer, nem motivação para sequer pensar nelas. Muitas vezes elas não se interessam por nada no ambiente de trabalho e não são tão produtivas em suas funções pessoais em casa ou na comunidade. Elas não conseguem se concentrar, seu cérebro se mostra nebuloso, e elas não conseguem encontrar soluções para os problemas nem pensar em novas ideias ou tomar decisões. Equívocos tornam-se comuns, bem como as opiniões negativas de familiares, amigos, empregadores e colegas que testemunham o esvair das suas energias e do seu entusiasmo, seguido pela queda vertiginosa de desempenho em suas habituais funções e tarefas. Cognitivamente, tudo é interpretado negativamente e contribui para a mentalidade negativa existente.

E, obviamente, quem é que se diverte quando vive lutando contra um leão ou fugindo dele em sua mente? Nenhum de nós. Tudo passa a ser grande, avassalador e grave. É impossível nos divertirmos quando estamos sofrendo com burnout. Uma sensação de desesperança, impotência, fracasso e falta de autoconfiança também acaba com qualquer chance de diversão.

Fisicamente, as vítimas do burnout ficam mais vulneráveis a resfriados e gripes (ora, se não estamos dispostos a fazer uma pausa, talvez nosso sistema imunológico esteja) e até mesmo a surtos de doenças que estavam latentes.[5] Se tivermos qualquer uma entre as inúmeras doenças autoimunes, isso terá consequências. Doenças autoimunes, assim como uma pessoa irritante que chega na sua casa sem ter sido convidada, gostam de aparecer e dizer "oi" quando estamos psicologicamente esgotados.[6]

Dores e aflições inexplicáveis tendem a aumentar, além do reaparecimento de lesões antigas.[7] Considero intrigante, na minha condição de psicóloga da saúde, a quantidade de pessoas com as costas "travadas" quando já estão há muito tempo passando por situações de sofrimento emocional. Um bônus negativo (se é que podemos chamar assim) pode até ser uma nova lesão. Parece que ficamos mais propensos a acidentes quando estamos sofrendo com burnout, pois a tendência é não estarmos plenamente presentes quando envolvidos em atividades. Outras vezes, as pessoas podem se lesionar ou adoecer sem nenhum motivo, de um modo que pareça (à época) ser um tanto inexplicável (porém, sim, encarando a situação em retrospectiva, é bastante explicável considerando o burnout que vinha chegando sorrateiramente). Alguns anos atrás, quando eu estava me sentindo sob pressão e muito sobrecarregada, meu ombro direito decidiu simplesmente travar sozinho — ficou paralisado e não saía do lugar. Simplesmente parou de fazer o que um ombro deveria fazer. Certa manhã, ao acordar, ele não queria se mexer nem para cima, nem para baixo, nem para fora... nada mesmo. Ficou assim *durante um ano inteiro*. Nada como um ombro paralisado, uma dor latente e a incapacidade de depilar as axilas para forçar uma pessoa a desacelerar. Ainda estou me recuperando enquanto escrevo este livro, e até hoje não consigo fazer a sequência completa da coreografia do "cabeça, ombro, joelho e pé".

Comportamentos de evitação também são comuns em pessoas que sofrem com burnout. Podem ficar evidentes nas pessoas que faltam ao trabalho até a procrastinação extrema,[8] na incapacidade de se comunicar com outras pessoas, no afastamento de determinados amigos ou na recusa para fazer qualquer outra coisa que envolva pensamentos profundos. É tudo coisa demais. Pensar ou fantasiar a respeito, ou até mesmo fazer grandes mudanças, também pode ser comum (sem a necessária "reflexão", que muitas vezes é fundamental para se tomar uma decisão esclarecida) sem que seja a decisão "certa". Isso pode envolver alguma forma de desistência (relacionamentos, trabalho, amizades),[9] uma mudança total de carreira, mudança para outra cidade ou até mesmo outra mudança extrema de estilo de vida que tire a pessoa de sua situação atual. Qualquer coisa para evitar ou fugir, na esperança de se *sentir* diferente. Como diria o Leão da Montanha, o irreverente gato do desenho animado da Hanna-Barbera, nós nos sentimos como se quiséssemos uma "saída pela esquerda". Alguns fazem isso e se arrependem depois quando se sentem melhor.

Espiritualmente, ficamos desconectados. Muitas vezes nos sentimos perdidos, desconectados de qualquer coisa maior do que nós mesmos e, ainda mais importante, desconectados do nosso eu superior. Repetidas vezes, ouvi a mesma afirmação de pessoas que sofrem com burnout: elas nem se reconhecem mais. Sentem-se desalinhadas e completamente perdidas. Sentem que há algo fora do lugar, mas seu cérebro fica tão concentrado no que está dando errado que não conseguem ver o cenário por inteiro.

É seguro dizer que nos sentimos emocional, mental, física e espiritualmente desconcertados quando sofremos com burnout. E, de uma forma estranha, isso deveria acontecer.

O QUE O ESTRESSE TEM A VER COM ISSO?

A humanidade precisa de dificuldades;
elas são necessárias para a saúde.

CARL JUNG

TENHO CERTEZA DE QUE VOCÊ está familiarizado com as seguintes frases: "Estou estressado", "Isso está me estressando", "Não me estresse", "Isso é tão estressante". Se você algum dia gritou "Quando isso vai acabar?!" ou, no idioma cifrado que se usa nos dias de hoje, "PQP!" quando confrontado com mais uma dificuldade para resolver, você sabe qual é a sensação provocada pelo estresse. Essa espécie de retórica reflete uma situação de desgaste emocional semelhante a um cruzamento entre opressão e pressão, com o acréscimo de uma boa dose de intranquilidade. Em sua descrição mais simples, o burnout acontece devido a esse tipo de estresse inexorável, ou que não muda depois de algum tempo. Entre a infinidade de outras sensações e emoções envolvidas no processo, é provável que o estresse seja a sensação predominante, o que significa que precisa de atenção especial, portanto, tem seu próprio capítulo.

O termo "estressado" costuma ser utilizado como adjetivo para descrever uma reação emocional a alguma coisa (o gatilho do estresse) ou a muitas coisas (gatilhos de estresse) que estejam acontecendo com uma pessoa. Podemos nos sentir estressados devido à pressão de uma data limite iminente, devido a uma conta dispendiosa que não temos dinheiro para pagar, devido ao nosso filho pequeno ter atirado espaguete na parede ou por causa do gerente no nosso trabalho que analisa cada mínimo detalhe de nossa atividade. Também podemos nos sentir estressados devido a vários gatilhos de estresse ou inconvenientes que permeiam nossa rotina diária: ficar preso no trânsito ao levar os filhos na escola; brigar com nosso cônjuge; cuidar de um familiar adoecido; lidar com um gerente que não nos oferece nenhum apoio psicológico; ou com todas as microtarefas envolvidas no cuidado com os filhos. O estresse pode ser sentido também como consequência do acúmulo de todas essas coisas acontecendo simultaneamente.

Os sintomas do burnout passam a impressão (e a sensação) de serem verdadeiramente horrorosos, porém, todos fazem pleno sentido a partir de uma perspectiva evolutiva com base no papel que o estresse desempenha em nossa sobrevivência. Conforme abordado anteriormente, devemos sentir todo o espectro de emoções. Nosso objetivo é observá-las, encará-las com curiosidade e nos guiar por meio delas. A emoção do estresse é uma sensação da qual provavelmente nunca nos veremos livres, pois envolver-se na vida sempre nos trará gatilhos de estresse. O engraçado com relação ao estresse é que, mesmo que estejamos vivendo em plenitude, provavelmente enfrentaremos mais gatilhos de estresse do que nunca. Contudo, há uma distinção relevante aqui: não é o estresse que importa, o que vale é o que fazemos com ele. Se permanecermos inertes em relação aos seus efeitos, o acúmulo pode, com o passar do tempo, resultar no burnout.

Os seres humanos são bem projetados para o estresse. Todavia, somos projetados para um tipo de estresse imediato e que acaba quando enfrentado. A emoção do estresse nos dá uma sensação de que há algo estranho em nosso ambiente, possivelmente uma ameaça. Os antepassados cujo sangue corre em nossas veias — que eram mais sintonizados com as ameaças da savana, e mais atentos aos seus sentidos — não só mantiveram a maior parte das pessoas de seu bando seguras, como mantiveram nosso patrimônio genético em produção até hoje. Seu sistema nervoso ágil e sua tendência a sentir o estresse ao máximo, e fazer com ele o que foi projetado, são as razões de estarmos aqui atualmente. O fato de eles ficarem estressados quando encontravam ameaças reais na savana, como o leão não tão amigável da vizinhança, os impulsionaria a adotar as melhores providências para sua sobrevivência.

Agora vivemos uma era diferente, mas temos os mesmos mecanismos cerebrais em funcionamento. A fisiologia do cérebro, que ajudou os nossos antepassados a fugir dos predadores e os fazia sentir medo de tribos que não conheciam, agora responde da mesma maneira quando encontramos colegas difíceis, companheiros(as) irritados(as), engarrafamentos e inflação. Entretanto, diferentemente dos nossos antepassados, muitas vezes nós não lidamos totalmente com os gatilhos de estresse, e ele permanece.

Somos projetados para sentir estresse e, em seguida, combater a sensação. Não fomos projetados para simplesmente vagar pela vida em um estado combativo, arredio ou de inércia durante dias, semanas, meses ou anos a fio como muitas pessoas fazem hoje em dia. Não fomos projetados para sentir estresse em relação a aspectos importantes da vida e não fazer nada a respeito. Não fomos projetados para viver estressados em relação a várias pequenas coisas sem resolvê-las. Não fomos projetados para permitir o acúmulo desses gatilhos, que levam a uma pressão desnecessária nas nossas faculdades mentais, emocionais, físicas e espirituais. Quando o estresse se torna crônico, pode se transformar em burnout. Podemos definir o estresse como qualquer tipo de mudança pela qual passamos e que provoca desgaste mental, emocional ou mesmo físico. É o nosso cérebro detectando uma diferença, uma mudança, uma pressão ou até uma ameaça. São informações que precisamos absorver, pensar a respeito e resolver. A sensação de estresse não deve ser ignorada.

No entanto, antes de acharmos que deveríamos calar totalmente o estresse e aspirar a uma vida um tanto irreal sem estresse algum, precisamos deixar um espaço para ele. Sentir estresse é útil para os seres humanos. Ele não só nos comunica diversas informações valiosas a respeito do que não está bom em nosso ambiente naquele momento, para que possamos resolver o problema, como também nos direciona rumo a situações melhores no futuro. Sentir estresse nos deixa em estado de alerta, concentrados, competentes e motivados para concluir o que precisa ser concluído. Também pode nos manter energizados, interessados e mais criativos. Sem o estresse, provavelmente passaríamos o dia deitados no sofá, enrolados em um edredom e entediados, comendo batata frita, assistindo à Netflix o dia inteiro e rumo a uma crise existencial. Embora essa opção possa parecer bastante atraente neste momento, especialmente se estivermos sofrendo com burnout, não é o que realmente queremos fazer todos os dias para sempre.

O estresse é uma resposta natural às pressões e às situações perigosas da vida. A origem da pressão pode estar nos acontecimentos que nos rodeiam, mas também nas exigências esmagadoras que nós, e outras pessoas, muitas vezes colocamos sobre nossos ombros. Em outras palavras, às vezes é o nosso ambiente, e frequentemente são as nossas próprias escolhas que criam o estresse — uma mistura de coisas sobre as quais por vezes não podemos fazer nada a respeito e outras sobre as quais podemos fazer algo. O estresse crônico acaba desgastando a pessoa dia após dia, mês após mês, ano após ano. E isso pode levar ao burnout. É o efeito cumulativo do estresse. A falta de gestão do estresse, o acúmulo do estresse, não lidar com o estresse, não eliminar o estresse — todas essas coisas horríveis. Não fomos projetados para ficar marinando no estresse, sem fazer nada a respeito. Fomos projetados para percebê-lo e criar a mudança.

Porém, assim como a raiva, que pode ser uma emoção primária e secundária, o estresse pode ser causado pelo acúmulo de outras emoções. Podemos nos sentir estressados por conta de baixa autoestima e baixa autoconfiança. Podemos nos sentir estressados por medo de não conseguirmos lidar com a incerteza ou a mudança. Podemos nos sentir estressados pela sensação de estarmos sendo controlados ou aprisionados. Podemos nos sentir estressados por estarmos insatisfeitos ou desalinhados com o trabalho que executamos. Podemos nos sentir estressados por acontecer muitas coisas ao mesmo tempo, e podemos nos sentir estressados por não haver coisas suficientes acontecendo.

De qualquer maneira, por mais que tentemos, não vamos nos livrar totalmente do estresse. Portanto, é perda de tempo desejar e torcer por "nenhum estresse". O estresse faz parte de estar vivo. Então, precisamos ser gratos pelo estresse, porque ele nos trouxe até aqui. Manteve-nos em estado de alerta e nos deu energia para cumprir os desafios mais difíceis que já enfrentamos. Sejamos bondosos com ele, gratos por ele e o utilizemos como um guia valioso para nossas próximas ações.

Portanto, agora que conhecemos o burnout e sabemos que o estresse tem muito a ver com isso, é possível começar a conversar sobre como administrá-lo, como se curar dele e, em última análise, como nos certificar de projetar uma vida saudável a partir daí. A solução muitas vezes está na causa, então identificá-la pode nos ajudar a controlá-la e evitar que se repita.

A SOCIEDADE E TODAS AS SUAS DORES

Nem a vida de um indivíduo nem a história de uma sociedade
podem ser entendidas sem a compreensão de ambas.

C. WRIGHT MILLS

EXISTE UMA CITAÇÃO, atribuída indevidamente ao famoso psicoterapeuta Sigmund Freud, que diz: "Antes de se diagnosticar com depressão, certifique-se de não estar apenas cercado por idiotas". Dada a modernidade da linguagem, é bastante improvável que tenha sido dita por Freud, mas, considerando a natureza viral dessa citação na internet, ela parece fazer sentido. Todos sabemos que isso pode ser verdade. Nem sempre somos nós que provocamos a angústia que sentimos — é possível que sejam outras pessoas, e nós apenas reagimos a elas.

É importante, sempre que conversamos sobre nossos problemas de saúde mental, olharmos um pouco ao redor. Como todas as criaturas vivas no planeta, nosso ambiente tem muito a ver com nossa saúde — física e psicológica. Portanto, é fundamental verificarmos o ambiente em que vivemos, incluindo as pessoas (ou seja, a nossa sociedade).

Apesar do que vem sendo divulgado pela cultura popular sobre o burnout, sobretudo nos últimos anos, ele não pode ser "curado" com a prática mais frequente do autocuidado, pelo que somos os únicos responsáveis. Não dá para se livrar do burnout fazendo ioga para tranquilizar a mente. E embora haja vários agentes de estabilização que podemos adotar para atenuar cada um dos ingredientes que levam ao burnout (e, sim, faremos isso), precisamos entender que existem algumas falhas fundamentais na sociedade que ainda necessitam de uma quantidade considerável de trabalho. Colocar a culpa pelo burnout exclusivamente em nossos próprios comportamentos não ajuda. Nossa sociedade não é propícia à administração do estresse crônico e, na verdade, estabelece um modelo um tanto insalubre que permite que o burnout evolua. Se quisermos ter uma sociedade que auxilie na prevenção e na cura do burnout, muita coisa precisa mudar.

Apesar das discussões em torno do burnout, ele não é provocado exclusivamente por alguém que trabalhou demais ou que passou muito tempo sob estresse crônico. Em sua forma mais crua, o burnout tem mais a ver com a pessoa não processar, expressar ou utilizar suas emoções em resposta a alguma coisa (ou a muitas coisas) que acontece, ou que *tenha acontecido*, na vida dela. Talvez seja porque ela não saiba como processar essas emoções, ou porque tenha sido condicionada ao longo de muitos anos a não o fazer, ou o contexto não seja propício para que suas emoções sejam sentidas. Seja qual for o caso, as emoções inevitavelmente se acumulam e esgotam os recursos da pessoa — queimando-os até virarem cinza. As palavras-chave aqui são importantes — "condicionamento" e "contexto" — e frequentemente elas têm muito a ver com o burnout.

Nossos antepassados tinham um cérebro e um sistema nervoso competentes que utilizavam as emoções para impulsioná-los a tomar providências. Portanto, como foi que chegamos a este momento em que os seres humanos pararam de utilizar suas emoções para aquilo que foram projetadas? Se a sociedade fosse uma pessoa, diria: "O problema não está em você, está em mim". Assim como a maioria dos psicólogos, aprendo muito com meus clientes. Obviamente, a história de cada indivíduo me proporciona uma visão fértil sobre os mundos das pessoas e sobre o que acontece entre quatro paredes: como elas se sentem, pensam e se comportam. Ao ouvir milhares de histórias, os psicólogos são capazes de detectar padrões na forma como os indivíduos reagem a determinados problemas, acontecimentos, situações, questões e fenômenos sociais. Na condição de alguém que tem o privilégio de conversar com as pessoas em seu momento mais vulnerável, assisto à psique humana reagir ao mundo em tempo real. E, muito embora os clientes se apresentem com suas próprias histórias individuais, os temas de seu sofrimento costumam ser consideravelmente semelhantes.

Já tive clientes líderes de organizações e gerentes de equipes enormes que vivem cronicamente estressados, dormem muito pouco e suportam uma pressão imensa, tentando desesperadamente encontrar algum equilíbrio entre os lados pessoal e profissional. Já vi funcionários que se sentiam psicologicamente inseguros demais para avisar aos chefes que estão com ansiedade e precisam faltar ao trabalho, com medo da demissão. Já vi empresários prontos para desistirem de seus sonhos após assistirem a outros empresários divulgarem seus sucessos (exagerados) em campanhas de marketing e se perguntarem por que todas as outras pessoas têm uma empresa de sucesso, menos eles. Já vi empreendedores que foram treinados até o limite, orientados a se esforçar constantemente, abandonar seus princípios e vender sua alma para ter sucesso. Afinal de contas, ter sucesso e ganhar muito dinheiro é o que importa de verdade... *correto?*

Já vi jovens comparando suas vidas aos momentos perfeitos de seus amigos nas redes sociais, perguntando-se por que a vida de todo mundo aparenta ser muito melhor do que a deles. Já vi jovens viciados em tecnologia com ritmos circadianos perturbados que se sentem ansiosos e deprimidos, com a vitamina D baixa e com medo de sair de casa.

Já vi jovens pais com dificuldades financeiras, resistindo à ideia de voltar a trabalhar por desejarem profundamente passar mais tempo com os filhos pequenos. Já vi clientes de meia-idade que fazem parte da "geração sanduíche" — ainda trabalhando todos os dias, cuidando dos filhos em casa enquanto tentam também cuidar dos pais idosos.

Já vi mulheres trabalhando mais horas para receber salários equivalentes ao de homens que desempenham a mesma atividade que elas. Já vi mulheres que são bombardeadas por mensagens dos meios de comunicação que lhes impõem uma aparência determinada, falar de certo modo e ser de certa maneira para a sociedade valorizá-las. Já vi homens que aparentam raiva, porém, uma vez que nos aprofundamos, constatamos ser ansiedade. Eles foram condicionados pela sociedade a manter suas emoções confinadas. Porque, afinal de contas, "homem não chora". Já vi clientes não binários lidando com dificuldade com um mundo que simplesmente não os entende e, portanto, os descarta, subestimando a coragem deles em se assumir, considerando esse momento como "apenas uma fase".

Já tive clientes idosos entusiasmados e repletos de ideias e energia, querendo trabalhar, mas que não conseguiam entrevistas de emprego. Já vi pessoas morando sozinhas, desesperadas para se conectar com o mundo exterior, mas sentindo-se desconfortáveis demais para saber por onde começar em um bairro em que as pessoas não costumam conversar com ninguém.

Já vi professores dos quais pais de alunos desejam disponibilidade integral, 24 horas por dia, sete dias por semana. Já vi médicos que deveriam estar cheios de energia, empatia e clareza em relação aos seus pacientes, mas de quem se esperava que trabalhassem em escalas ridiculamente longas sem nunca reclamar por medo de serem considerados mentalmente despreparados para a função. Já vi pessoas com uma quantidade enorme de responsabilidades — funções que envolvem várias tarefas e deveres que provavelmente teriam sido distribuídos uniformemente entre todas as pessoas de uma comunidade inteira há milhares de anos.

Grande parte do sofrimento que acomete as pessoas é provocado pelo *status quo*. Como disse Robert Iger, CEO da Walt Disney: "A coisa mais arriscada que podemos fazer é simplesmente manter o *status quo*". É provável que muitos dos gatilhos de estresse e das pressões que vivenciamos sejam consequência de uma cultura que arruinou completamente suas prioridades e está funcionando a partir de velhas crenças limitantes e sistemas obsoletos que estão há muito precisando de modernização. Muitas pessoas se comportam a partir de um modelo condicionado pelas mensagens inconscientes e subconscientes da sociedade à sua volta, e todas elas são fatores que contribuem para o burnout.

A retórica do burnout costuma girar em torno de nossos cenários de trabalho, e está certo que seja assim. Os locais em que muitos de nós passamos a maior parte do nosso tempo ainda têm muito a progredir. As pessoas que sofreram com burnout devido ao incessante estresse no trabalho costumam falar sobre cargas de trabalho impossíveis de gerir, a pressão de prazos irracionais, tratamento desigual por parte da gerência e falta de apoio no local de trabalho. Já tive clientes que deram sua alma para o trabalho e não receberam nada em troca.

Podemos ficar aqui sentados culpando a sociedade o quanto quisermos, mas seria muito mais benéfico prosseguir com essas discussões construtivas para ajudar a formular estratégias para alcançar um jeito mais humanista de trabalhar e começar a colocar a mudança em curso. As sociedades são compostas por milhões de pessoas (estamos nos aproximando dos oito bilhões nas contas mais recentes), portanto, se todos elevarmos nossa própria consciência a respeito de como nos sentimos e por quê, e adotarmos nossas próprias providências para nos ajudarmos a nos sentir melhor, o efeito consequente será a mudança. Somos responsáveis por isso. A mudança leva tempo, e pequenos passos ao longo do tempo se transformam em uma viagem completa. Se estivermos todos sentindo e processando o que funciona e o que não funciona, caminharmos rumo à criação das melhores versões de nós mesmos e alcançarmos nosso próprio potencial, dá para imaginar a transformação social que poderá resultar desse empenho?

Nunca somos a melhor versão de nós mesmos enquanto vítimas do burnout, e fica mais fácil culpar os outros pelo jeito como as coisas são (e às vezes a culpa pode ser totalmente dos outros), mas as coisas são do jeito que são (por enquanto) e, se formos entrar nessa luta e batalhar para mudar isso, precisamos reaver a nossa energia para fazê-lo. Talvez se todos conseguirmos nos manter distantes do burnout, possamos perturbar em grande escala o *status quo* e mudar o mundo para melhor.

PARTE 2
ALÉM DO BURNOUT

Apenas pare

*Não fazer nada frequentemente leva
ao melhor absoluto de alguma coisa.*

O Ursinho Pooh

Um de meus clientes, Tom, foi encaminhado a mim por seu médico para tratar (supostamente) de sintomas semelhantes aos da depressão que o incapacitavam para trabalhar. Ele não conseguia canalizar nem uma molécula de energia para levantar a cabeça do travesseiro pela manhã, muito menos dirigir até o trabalho. Era impossível para Tom criar a cadeia de acontecimentos psicológicos e físicos necessários para levá-lo ao local em que havia passado os últimos vinte anos de sua vida profissional. Mesmo dentro de sua própria casa, ele se movimentava em uma velocidade glacial. Para algumas pessoas, sejamos sinceros, essa é a velocidade habitual, mas era o extremo oposto do modo como Tom costumava fazer as coisas. Aquilo era completamente fora do normal para ele.

O que havia começado como uma crescente sensação de infelicidade no trabalho, uma leve e eventual irritação com os colegas na sala de reuniões e algumas noites de insônia acabou se transformando em uma incapacidade generalizada de resolver quaisquer problemas que lhe fossem apresentados. Ele tinha capacidade zero de tomar decisões, ainda que fosse a respeito do que comer no jantar, e uma incapacidade de sobreviver a qualquer noite sem pelo menos uma garrafa de vinho. Além disso, o questionamento sobre "qual é o propósito da vida" o havia dominado, e ele estava prestes a desistir de tudo.

Isso não só era problemático para Tom, por motivos óbvios, como ainda mais complicado porque seu local de trabalho era sua própria empresa, construída por ele do zero. Conhecido empreendedor de sucesso, responsável por grandes realizações, ele vinha se destacando em seu setor havia algumas décadas. Tinha mais de cem funcionários sob sua responsabilidade, havia feito muito progresso ao longo do tempo, e agora não conseguia sequer sair de casa. Estava tão exausto que vivia cancelando suas consultas com a psicóloga, e comparecer a elas era pedir demais em determinados dias. Isso é o puro suco do burnout. Sem julgamentos.

A pressão que sufocava Tom (à qual ele esteve exposto durante muito tempo) era imensa, e o efeito contínuo de sua ausência agora física (e psicológica) era enorme. Sua equipe não sabia o que estava acontecendo, e ele tinha dificuldade para contar a eles, considerando que nem ele sabia. Tom só sabia que não conseguia ir para o trabalho e que não tinha capacidade de sair sozinho do que quer que fosse que o estivesse prejudicando (ainda).

O conselho que dei a Tom, e que dou a qualquer pessoa que tenha chegado ao ponto do burnout, foi... momento de suspense... *parar*. Largar as ferramentas, ligar para o trabalho avisando que está doente, não ir trabalhar e cancelar todas as atividades e compromissos que estiverem programados. Tirar uma folga, um tempo para se recuperar, entrar de férias ou se afastar por longo tempo de serviço. Caramba... se não tiver direito a nada disso, experimente tirar uma folga não remunerada. Você precisa parar. Em seguida, descansar; passar o dia inteiro deitado no sofá, ou horas dormindo sem conversar com ninguém. Simplesmente dar ao cérebro e ao corpo o tempo que precisarem para recuperação de algumas moléculas de energia permitindo que você possa começar a pensar novamente.

Um grande problema é que as pessoas sabotam sua capacidade de se recuperar do burnout julgando-se implacavelmente por: a) sofrer com burnout, para começar; b) não ser capaz de prever que isso acontecerá; c) não se recuperar disso suficientemente rápido; e d) importar-se demais com o julgamento alheio. Parar, para muitas pessoas, pode ser desconfortável, se não impossível, provocando diversas emoções que podem incitar sensações ainda piores do que as primeiras que levaram ao burnout. Portanto, esteja atento a quaisquer sentimentos como culpa e vergonha. No burnout e na fase de recuperação é fundamental que eliminemos todo autojulgamento e passemos para um estado de autocompaixão.

Por mais que parar seja desagradável, é importante superar o desconforto inicial da melhor maneira possível. Caso um médico ou psicólogo ainda não lhe tenha recomendado isso (é provável que a maioria deles o faça), finja que recebeu de um de nós uma receita farmacêutica com a palavra "pare". Se você não está com a sua saúde mental e física em perfeitas condições, fica impossível se curar.

Obviamente, parar nem sempre significa dormir e ficar deitado (embora, a princípio, possa significar). Quando algumas moléculas de energia começarem a reaparecer aos pouquinhos, parar ainda pode significar fazer alguma coisa — significa parar somente as coisas que drenavam suas energias. Como parte de um processo de recuperação intencional, imagine atividades que você sabe que recarregam, relaxam e reabastecem seus recursos de energia. Cozinhar, pintar, ler, praticar jardinagem, conversar com amigos ou até fazer um pouco de exercício físico.

Uma vez que tiver dado uma parada e estiver se sentindo mais energizado, você começará a perceber os benefícios mentais e físicos resultantes desse momento de pausa. Essa percepção precisa ser mantida para garantir que haja pausas na vida cotidiana desse ponto em diante, independentemente do quão ocupado você esteja. Pesquisas mostram que um mínimo de dez minutos pode nos dar o ânimo de que precisamos para recomeçar. Conhecidas como micropausas, costumam ser momentos informais, não programados e não estruturados que nos reenergizam. A revisão de uma pesquisa recente sobre micropausas mostrou que quem as faz tem cerca de 60% mais probabilidade de se sentir cheio de energia.[10] Colher os frutos de uma pequena pausa significa ouvir-se ao longo do dia e procurar sinais de fadiga; e, se não notar nenhum, fazer uma pausa consciente e escolher outra atividade que seja bastante diferente daquela que vinha fazendo. Por exemplo, se você fica sentado em uma sala, pode mudar saindo da frente do computador e caminhando pela rua. Se o seu trabalho envolve esforço físico, como pedreiro, sua micropausa precisa ser algo diferente disso.

Quando estamos no pior momento da crise do burnout, nossa primeira atitude é nos culparmos por não sermos capazes de lidar bem ou admitir que não temos a capacidade psicológica nem a energia para percebermos que outras pessoas podem estar criando algumas das sensações de angústia que temos vivenciado.

É por isso que é importante que no momento da parada nos afastemos de determinadas pessoas por um tempo — somente enquanto estamos nos recuperando do burnout. Não precisa ser um afastamento definitivo; pode ser só dar um tempo, uma pausa no contato ou um rápido distanciamento de qualquer pessoa que não nos faça sentir paz.

Na minha infância, quando queríamos fazer uma pausa na brincadeira no pátio da escola, gritávamos: "Barleese!". Quando grito isso para meus filhos hoje em dia durante uma brincadeira, não significa nada, mas na década de 1980, na Austrália, isso transmitia uma mensagem bastante clara para que não interagissem conosco durante uma pausa na brincadeira. Queria dizer "a salvo", "parar" ou "pausar", e não era preciso perguntar nada; as outras crianças sempre obedeciam e nos deixavam em paz (ainda que por pouco tempo). A recuperação do burnout precisa de algo como um "Barleese" com terceiros; pode ser curto ou longo. Seja qual for a duração, precisa ser comunicado para as pessoas com quem se relaciona na esfera pessoal ou profissional.

Na fase da parada não é necessário que você abandone qualquer prática completamente — seja trabalho, relacionamento amoroso, amizade, empresa ou um hobby — que é o que muitos de meus clientes fazem quando estão no estado crítico do estresse porque sentem que abandonar é a única opção. Isso na verdade significa puxar o freio em um relacionamento, como fez meu cliente John. Ele era dono de uma farmácia e sofreu com burnout. O estresse inexorável provocado pela pandemia, dois anos sem férias, problemas infinitos com funcionários e a absoluta ausência de tempo com a família deixaram-no totalmente esgotado física e psicologicamente. John, agindo como muita gente que se torna viciada em trabalho — exaurido além da reparação e em uma turbulência emocional sem fim —, começou a trair a esposa. O estresse adicional criado por suas decisões questionáveis fez com que John sofresse ainda mais com burnout. Parte de sua recuperação, bem no início de nosso trabalho juntos, foi dar uma pausa no relacionamento com a nova mulher. O caso extraconjugal estava complicando ainda mais e fazendo com que ele sentisse mais culpa e conflito interno (pois casos extraconjugais, em sua natureza, não tendem a ser declarações públicas) do que prazer propriamente dito.

Outros a quem atendi tiraram uma pausa do trabalho e de todas as pessoas a ele relacionadas. Alguns decidiram trabalhar somente de casa e se comunicar apenas com uma pessoa designada (não estressante) à intermediação com todas as outras. Algumas pessoas declararam a amigos que passariam um mês sem ir a nenhuma festa ou evento e que retomariam o contato em breve. Já vi mães se negarem a receber amiguinhos de seus filhos em casa. Outros clientes estabeleceram alguns limites junto aos sogros durante as festas de fim de ano. E caso não sintamos a necessidade de conviver com determinadas pessoas quando estamos assim, então isso pode ser um sinal para diminuirmos a conexão com elas no futuro.

Todos conhecemos alguém que nos faz sentir mais alegria simplesmente por estarmos próximos, ou alguém que nos faz sentir paz, tranquilidade e calma. Precisamos dessas pessoas por perto quando estamos enfrentando o burnout. Algumas são faróis de gentileza quando se trata de saúde mental, enquanto outras, nem tanto. Talvez haja necessidade de uma pausa quando se trata de pessoas cujas expectativas são altas, que exigem demais de nós, nos controlam exageradamente, nos julgam, ou na presença das quais não conseguimos ser nós mesmos — pelo menos até nos recuperarmos e voltarmos a pensar com clareza sobre o mundo à nossa volta. Então, saberemos lidar melhor com pessoas desse tipo.

Durante a recuperação de uma crise de burnout, precisamos parar e simplificar nossa vida por um tempo. É o que faríamos se tivéssemos gastroenterite, uma virose ou qualquer outra doença física debilitante, e temos que fazer isso também com o burnout. As pausas são imprescindíveis para nos reenergizarmos. Dizer "Barleese" regularmente é fundamental, não somente para a recuperação, mas para otimizar nosso desempenho na vida.

Considerações

Eu quero fazer uma pausa?

Como seria?

Preciso parar de fazer tudo o que faço, ou apenas algumas coisas?

Preciso tirar dias, semanas ou meses de folga? Como posso fazer isso acontecer?

Com quem preciso conversar a respeito disso?

Eu encaixo pausas para descanso em minha agenda?

Preciso fazer menos ou mais de alguma coisa?

Preciso estabelecer algum tempo para descansar, recarregar as energias e relaxar durante meus dias daqui para a frente?

Quando posso fazer isso? Em quais dias? Em que horários?

Quais atividades de micropausa eu poderia fazer nesses momentos?

Quais atividades de recuperação posso incorporar à minha programação semanal ou mensal?

Existe alguém em minha vida de quem preciso manter distância por um tempo?

Como parar mais vezes pode prevenir o burnout?

Desafio

Dia de folga

Experimente tirar um dia inteiro de folga, sem nenhuma programação. Avise às pessoas próximas a você que ficará afastado de qualquer contato neste dia. Isso significa não colocar nenhum alarme para tocar de manhã, não marcar nenhum compromisso, não atender o telefone, não responder mensagens de texto e, sem dúvida, não olhar sua conta de e-mail. Fique longe do alcance, mas em seu próprio lar. Deixe-se guiar somente pelo que você deseja fazer neste dia, sem a agitação e a confusão de suas tarefas, obrigações, funções e deveres habituais. A única condição é que você não deixe de relaxar e aproveitar um tempo para rejuvenescer. Perceba, ao final da jornada, como você se sente depois de tirar esse dia de folga.

Compromisso

Daqui para a frente,
me comprometo com
esses novos rituais para
incentivar mais paradas e
descansar mais...

Observações

Seja emotivo

A emoção pode ser a vilã; se você se deixa levar por ela, você se perde. Esteja em harmonia com suas emoções, porque o corpo sempre segue a mente.

Bruce Lee

Quando minha filha, Lali, era mais nova, às vezes se comportava um pouco mal. Não era frequente, mas, quando acontecia, sempre conversávamos com ela a respeito. Isso significava chamá-la para bater um papo sobre o que havia acontecido, por que o comportamento fora inadequado e como ela deveria agir da próxima vez que se sentisse daquela maneira. Trocando em miúdos: da próxima vez que você sentir raiva, talvez socar a cabeça do seu irmão não seja a melhor decisão, então, que tal respirar fundo ou "utilizar suas palavras" um pouco mais para expressar como está se sentindo?

Essas conversas sempre funcionavam razoavelmente bem, mas o que mais me divertia era a declaração de Lali ao final desses bate-papos. Quando terminávamos, eu sempre lhe perguntava se ela queria dizer mais alguma coisa a respeito, e ela dizia "sim", e depois respondia com uma declaração mais profunda para encerrar o que provavelmente era, sob seu ponto de vista, uma conversa um tanto constrangedora. Revirando os olhos, ela dizia: "Acho que preciso ir trocar de roupa". Em seguida, ela saía e trocava de roupa. Fim de papo. Outras vezes, ela saía correndo para colocar uma tiara, procurar sua ovelhinha de brinquedo ou simplesmente pegar um pote aleatório na cozinha para colocar um grampo de cabelo (como fazem as crianças pequenas).

Seria muito bom se conseguíssemos mudar o que sentimos em momentos incômodos simplesmente trocando de roupa ou pegando um pote na cozinha. Na hipótese inevitável de você voltar a sentir emoções negativas futuramente (e quando digo que é inevitável, quero dizer que vai acontecer), você precisa saber o que fazer com elas. À medida que acontecem, veja bem, não dez anos depois (ou, no caso de alguns clientes meus, meio século depois). Aprender a ser emocionalmente ágil é uma ferramenta importante e, se você pegar o jeito, isso literalmente mudará a sua vida.

Sentir emoções é algo que muitas pessoas tendem a não fazer tão bem. Tampouco as expressam tão bem. Neste mundo moderno tão agitado, não é comum desacelerarmos o ritmo da agitação para percebermos as sutilezas das mudanças emocionais. Em vez disso, sucumbimos ao seu acúmulo, inevitavelmente nos tornando impulsionados por elas de tal maneira que isto pode piorar as coisas. Se alguma vez você gritou com alguém no trânsito ou evitou alguém por se sentir envergonhado, saberá do que estou falando. Nós, seres humanos, somos criaturas movidas pelas emoções, e foi necessário que sentíssemos emoções extremas em alguns momentos para sobrevivermos. Mas a vida é diferente agora, e uma maior compreensão de nossas emoções e das complexidades da vida que podem estar provocando-as (que não sejam os predadores) é necessária para modificarmos a forma como nos sentimos.

A agilidade emocional envolve flexibilidade psicológica com nossos sentimentos e pensamentos para reagirmos adequadamente às situações à medida que acontecem. Em vez de sermos movidos emocionalmente e não reagirmos da forma ideal, trata-se de sermos capazes de sentir, pensar, observar e administrar a forma como nos sentimos. É um jeito de lidar com as emoções no estilo "segue o fluxo" — permitindo que sejam sentidas, mas desacelerando um pouco o ritmo para que tudo seja considerado e os pensamentos mais acertados, assim como os comportamentos mais apropriados, sejam escolhidos para se obter a reação ideal.

Se você algum dia sentiu que "teve um gatilho acionado", saberá que as emoções podem nos consumir e nos levar a comportamentos inadequados. O sistema límbico do cérebro controla as reações emocionais e comportamentais necessárias à sobrevivência, então, ele acionará esses alarmes se receber informações sensoriais semelhantes à determinada situação ocorrida no passado e que nos tenha feito sofrer física ou psicologicamente. Repetindo, assim como muitas de nossas reações naturais, esses alertas, ou gatilhos, foram úteis cem mil anos atrás, mas nem sempre são úteis agora, se alguém, por exemplo, acionar um gatilho nosso em torno de uma mesa de reunião no local de trabalho. Socar o rosto de alguém só porque sentimos que devemos não convém a ninguém.

Então, quais tipos de emoções poderíamos sentir? Se você perguntar à maioria das pessoas quais são alguns dos sentimentos mais prazerosos, provavelmente listarão os mais conhecidos, como felicidade, amor, surpresa, alegria ou satisfação, incluindo alguns menos comuns, como empolgação, gratidão, orgulho e admiração. Essas emoções positivas fazem com que nos sintamos bem e transmitem ao cérebro informações de que está tudo sob controle em nosso ambiente.

As emoções que percebemos como negativas — por exemplo, raiva, estresse, medo, culpa e vergonha — também são importantes. A sociedade ainda foge de algumas delas, mas todas são válidas e extremamente valiosas. Seja solidão, vazio, frustração, arrependimento ou infelicidade, essas emoções nos falam sobre nosso lugar no contexto de nossa vida, e que talvez precisemos mudar alguma coisa.

A vergonha, por exemplo, é uma poderosa emoção negativa. Reside em nossas entranhas, quase nunca emergindo de forma consciente no decorrer da vida, porém, afeta a pessoa que a retém. Se algum dia você ler qualquer trabalho sobre vergonha da escritora e pesquisadora Brené Brown conhecerá as transformações que acontecem e que afetam a vida das pessoas que começam a se abrir e contar suas histórias de vergonha, e a destruição da alma que ocorre quando as histórias de vergonha permanecem ocultas. O fato de os livros de Brown serem best-sellers globais, e de sua palestra sobre vulnerabilidade ser um dos TED Talks de inspiração mais assistidos de todos os tempos, mostra o quanto seus semelhantes se identificam com isso. A vergonha reside em muitas pessoas, e a maioria delas a trancou e jogou a chave fora.

A raiva é outra emoção importante, mas a sociedade a evita, portanto, nós a reprimimos. Uma emoção sufocada inevitavelmente vem à tona e acaba sendo expressa com uma força incontrolável. Isso piora as coisas para a pessoa que a sente, e para as que estão próximas.

As emoções que são despertadas na jornada que leva ao burnout informam ao cérebro o que funciona para nós, o que não funciona e o que precisa ser ajustado. Essas emoções precisam ser sentidas, processadas e analisadas. Então, tomamos alguma providência para mudar a situação por meio de comportamentos e ações que transformam essas emoções. Poderíamos aprender a observar nossos pensamentos sobre a situação e ver se conseguimos modificá-los. Ou mudarmos a maneira como nos sentimos e também a emoção ao fazer coisas que sabemos que despertam uma emoção positiva dentro de nós. Por exemplo, dar uma volta no quarteirão após uma discussão acalorada (uma tática experimentada e comprovada, já que não conhecemos outra).

Daqui para a frente, perceber suas emoções e senti-las adequadamente é uma obrigação. Utilizem-nas como um guia poderoso sobre como navegar pelo mundo em que você existe. Elas o ajudarão a entender o que funciona e o que não funciona para você, assim como a escolher qual direção é a melhor para seguir.

Considerações

Quais emoções estou sentindo agora? Por que me sinto assim?

Quais emoções senti hoje? Por que posso estar me sentindo assim?

Quais emoções costumo sentir com mais frequência?

Alguém já me deu algum feedback sobre minhas emoções?

Eu me identifico como portador de um tipo determinado de emoção (por exemplo, uma pessoa raivosa)?

Eu sinto determinadas emoções em certos momentos, em situações particulares ou próximo a pessoas específicas?

O que essas emoções podem estar me dizendo?

Sou uma pessoa movida pelas emoções?

Existe alguma emoção que eu gostaria de sentir mais?

Como ser mais emotivo pode prevenir o burnout?

Desafio

Curiosidade emocional

Da próxima vez que você sentir uma determinada emoção, faça uma pausa e atice sua curiosidade sobre aquilo. Pergunte-se qual é a sensação e por que você pode estar se sentindo daquele jeito. Então, pergunte-se que informação poderosa seu cérebro está tentando lhe transmitir. Perceba se é melhor no momento se esforçar na solução do problema que está acontecendo, se é melhor tentar ter comprometimento de pensar sobre aquilo de um jeito diferente ou se é mais uma questão de tentar mudar a forma como você se sente agora. Diminua o ritmo do processo e questione mais antes de agir. Então, faça uma escolha a respeito do que é melhor para você no momento presente. Repita isso no decorrer do mês e fique atento aos resultados.

Compromisso

Daqui para a frente, me comprometo com esses novos rituais para ajudar a dar apoio às minhas emoções...

Observações

Atente-se aos sinais

Ninguém pode escutar seu corpo por você...
para crescer e se curar, você mesmo tem
que assumir a responsabilidade de ouvi-lo.

Jon Kabat-Zinn

Um dos meus filmes favoritos na infância era *Um dia a casa cai*, protagonizado por um Tom Hanks com uma aparência muito jovem e que contava a história de um casal, Walter e Anna, que comprou uma magnífica mansão por uma pechincha. Só que eles não imaginavam a dimensão da reforma pela qual a casa de seus sonhos precisava passar. Assistir a Walter e Anna percorrerem todas as emoções, até o ponto em que praticamente chegam à loucura, é entretenimento de primeira categoria. Começando com a empolgação romantizada quando se mudam para a casa, passando pela confusão de quando pequenas coisas começam a dar errado, até o completo horror quando a casa em ruínas literalmente cai aos pedaços diante de seus olhos.

Além das hilariantes cenas que nos fazem rir do início ao fim do filme, há uma em específico que, na minha sincera opinião, é uma das melhores cenas cinematográficas de todos os tempos. Tenho certeza de que todas as pessoas que chegaram ao ponto de ruptura após uma série de gatilhos de estresse na vida se identificam com ela. Depois de um dia exaustivo consertando tudo que estava caindo aos pedaços — a porta da frente pendurada pelas dobradiças, infestação de abelhas no jardim, fiações elétricas pegando fogo por dentro das paredes e explodindo todos os utensílios da cozinha, a chuva entrando pelas goteiras do telhado e a enorme e maciça escadaria vitoriana ruindo e desabando (você sabe... coisas típicas de reforma), o casal tenta tomar um relaxante banho de banheira. Após carregar vários baldes de água quente para o banheiro subindo por uma escada de mão (porque não há mais escadaria... é claro), Walter despeja, exausto, o último dos baldes dentro da extravagante banheira vitoriana, mas ela quebra o chão do banheiro do segundo andar e se despedaça no andar de baixo (pesquise no Google). Por mais que a cena em si já seja engraçada, é a "risada louca" de Walter que a faz marcante: uma risada desvairada, gutural, estridente, de arranhar a garganta e com perdigotos voando para todos os lados. A reação dele, olhando para a banheira despedaçada pelo buraco que ficou no chão do andar de cima, é a risada que você dá, que todos nós damos, quando é despejada a última gota que faz transbordar a paciência. Você sabe que aquela risada não tem nada a ver com achar graça; é a risada de pura loucura quando absolutamente nada está dando certo, e você não tem a menor ideia do que fez para merecer essa risada. A risada louca. Você sabe bem qual é.

É isso o que o acúmulo emocional pode provocar. Você simplesmente continuar seguindo em frente, juntando todas as emoções ruins, e então, só mais uma coisa dá errado ou mais uma pessoa diz algo equivocado, e daí, BUM, você perde as estribeiras. Risada louca (ou algo ainda pior). É como se você tivesse passado muito do ponto de uma demonstração educada de emoção a essa altura e, com esse tipo de acúmulo emocional, o surto não teria feito nenhuma justiça ao que você está sentindo. O acúmulo de emoções negativas pode levar a uma explosão de emoções que muitas vezes acontece de uma maneira socialmente inaceitável e indevida.

O ideal é evitar o acúmulo de emoções. É que sejamos capazes de perceber os sinais que nosso cérebro e nosso corpo nos dão à medida que vivemos, para que possamos parar e tomar alguma atitude a respeito. Esses sinais são pequenos alarmes valiosos que nos alertam sobre algo em nosso ambiente a que precisamos prestar atenção. Eles nos dão as informações necessárias para nos afastar de algo e nos manter em segurança. E, pelo lado bom, assim que nos recuperamos do burnout, estamos mais sintonizados e muito mais conscientes dos sinais que sussurram nos alertando sobre onde está a parte boa, onde estão as oportunidades futuras e quais são as direções certas que precisamos seguir para criar uma vida mais alinhada.

Muitas vezes, quando as pessoas se consultam com seu médico ou profissional de saúde mental para se tratar do burnout, estão vivendo o ponto de ruptura. Não sabem o que estão sentindo ou por que se sentem assim. Estão tão mergulhadas no burnout que é difícil demais para elas criar uma distância para entender tudo. Os sinais e sintomas provavelmente já existiam havia algum tempo — talvez dias, semanas, meses ou até anos — mas agora se acumularam e chegaram a um ponto em que a exaustão mental, física, emocional e espiritual assumiu o controle. Mas o importante aqui é que os sinais de alerta estiveram lá o tempo todo, quando o cérebro e o corpo determinaram que estavam acumulando uma carga muito pesada e tentaram comunicar isso.

Como estabelecemos, existem vários tipos diferentes de emoções que influenciam como vivemos e interagimos com o mundo que nos cerca. Cada uma delas precisa ser sentida e depois expressa da maneira certa — isso é agilidade emocional. A felicidade, por exemplo, se manifesta por meio de expressões faciais como olhos abertos e sorrisos, linguagem corporal, como uma postura aberta e relaxada, e um tom de voz energizado e animado. Podemos *sentir* a felicidade, e as pessoas podem notar que estamos felizes.

Quando nosso cérebro percebe coisas em nosso ambiente que considera não serem boas para nós, provavelmente enviará sinais para a mente e para o corpo, nos alertando de que algo não está muito certo, e que precisamos fazer algum ajuste. Uma parte do segredo de ser emocionalmente ágil é perceber os sinais, e depois utilizá-los como os poderosos sinais de alerta que são.

Então, quais são esses sinais de alerta para o burnout? Obviamente, existem alertas que podem comunicar que estamos estressados, porém, como mencionamos, algumas outras emoções estão envolvidas na trajetória até o burnout. Para mim, os primeiros sinais de alerta de quando tudo está passando do ponto são minhas costas ficando doloridas e minha nuca tensa. Também tenho tendência a ficar mais suscetível a acidentes — cortar os dedos quando estou cozinhando, bater os braços nas maçanetas das portas, derrubar pratos e tropeçar em todos os lugares. É a fadiga corporal que parece me afetar mais do que qualquer coisa. Fico mais propensa a cair quando estou subindo a escadaria de casa (sobretudo quando estou usando calças de pijama bastante folgadas — uma vestimenta arriscada quando se está exausto). Sei que, no passado, já estive tão ocupada que as emoções negativas pararam de tentar me alertar e, em vez disso, falaram através do meu corpo. Então, quando percebo mais um copo se estilhaçando ou mais uma torção no tornozelo, começo a pensar no que precisa ser resolvido. Se você leu alguma obra da autora Louise Hay sobre como as emoções reprimidas se manifestam por intermédio do corpo, verá o estrago que podem provocar. Você se lembra do meu ombro travado anos atrás? Provavelmente foi causado por uma sobrecarga reprimida e uma sensação de que o mundo pesava sobre meus ombros (é claro).

Para algumas pessoas, os sinais podem ser as próprias sensações — talvez estejamos nos sentindo estressados, ansiosos, com raiva ou infinitamente frustrados. Talvez estejamos nervosos, temerosos ou assustados. Talvez estejamos sentindo uma sensação de desesperança ou de estarmos aprisionados. Talvez apenas nos sintamos deprimidos ou insatisfeitos com a vida. Talvez estejamos nos preocupando com o futuro ou ruminando sobre o passado, e achamos difícil focar no momento presente. Talvez esteja difícil nos concentrarmos no trabalho, e os erros se tornam constantes. Talvez fiquemos concentrados demais em nossos problemas e não conseguimos esquecê-los. Talvez muitas pessoas estejam nos deixando com raiva, e estamos entrando em mais discussões. Talvez simplesmente não estejamos mais conseguindo suportar as pessoas. Talvez estejamos procrastinando e não conseguimos fazer o trabalho doméstico, o que, de fato, é a prioridade.

Talvez nosso corpo esteja nos sinalizando alguma coisa. Talvez tenhamos uma infecção que não quer sumir, independentemente de quantos ciclos de antibióticos façamos. Talvez as dores de cabeça tenham piorado. Talvez não consigamos parar de comer e tenhamos vasculhado a cozinha em busca de qualquer coisa doce. Talvez tenha se tornado impossível beber apenas uma taça de vinho. Talvez não estejamos dormindo bem, e continuamos acordando de hora em hora. Talvez estejamos dormindo, mas permanecemos simplesmente cansados demais.

Pequenos sinais vão surgir todos os dias nos indicando aspectos da nossa vida que precisam ser ajustados. Precisamos percebê-los e começar a nos perguntar do que se trata. Devemos ser questionadores e curiosos quanto ao que nossas mentes e nossos corpos estão sinalizando para nós, e identificar por que isso acontece. Então, será possível começar a controlar nossos comportamentos para retornar a um estado mais calmo em que nosso corpo gosta de funcionar.

O filósofo Sócrates disse: "Conhece-te a ti mesmo". Portanto, vamos ter certeza de que conhecemos a nós mesmos para que possamos escolher o que fazer a seguir.

Considerações

Quais são os sinais de alerta que minha mente está me comunicando e que me dizem que algo não está certo?

Esses sinais de alerta acontecem em momentos específicos?

Esses sinais de alerta acontecem em determinadas situações?

Esses sinais de alerta acontecem na presença de pessoas específicas?

Existe um gatilho acionado no momento em que esses sinais acontecem, ou é simplesmente um sinal de sobrecarga em geral?

Eu sei o que fazer quando esses sinais me alertam?

Como saber o que meus sinais representam pode prevenir o burnout?

Desafio

Escrever um diário de forma reflexiva

Da próxima vez que você perceber que seu corpo e sua mente estão sussurrando para você como um sinal de alerta, escreva em um diário a respeito do que está acontecendo exatamente no seu entorno naquele momento. Escreva o horário em que aconteceu, onde você estava, com quem estava, como interpretou o que estava acontecendo e, claro, como estava se sentindo naquele momento. Além disso, faça anotações sobre o que mais está acontecendo em sua vida naquele momento. Experimente repetir isso durante pelo menos um mês. Escrever um diário de forma reflexiva é uma ferramenta poderosa para ajudar a monitorar o que está acontecendo em sua vida e para analisar por que algo o está impactando. Isso lhe dá as informações necessárias para decidir o que precisa fazer em seguida. Passe algum tempo fazendo isso ao final de cada dia e observe como se sente como consequência dessa prática.

Compromisso

Daqui para a frente, me comprometo com esses novos rituais para me ajudar a entender melhor como minha mente e meu corpo estão se comunicando comigo...

Observações

Controle seus pensamentos

Se você consegue mudar sua mente, consegue mudar sua vida.

William James

Como mencionei anteriormente, uma sensação é uma experiência de emoção, e nossos sentimentos são, em grande parte, responsáveis por toda a nossa experiência de vida. Podemos ser movidos pela forma como nos sentimos, mas a forma como *pensamos* pode mudar a forma como nos sentimos. O que está em nossa mente, e o que fazemos com esses pensamentos, também afeta o modo como nos sentimos. Isso é bem legal quando consideramos o papel que isso pode desempenhar na cura do burnout e em mantê-lo sob controle no futuro.

Quando estamos nos sentindo de uma determinada maneira, é importante ficarmos curiosos quanto à razão dessas sensações. Essa habilidade especial é algo que temos e que nos distingue, seres humanos, dos animais de ordem inferior, como um gato. Se o gato estiver com medo, ele não pensa no porquê, ele simplesmente se sente temeroso, e, em seguida, seu comportamento reflete isso. Ele também não passa nenhum tempo após o fato refletindo sobre por que reagiu exageradamente naquele dia. Não discute com seus amigos gatos da vizinhança sobre os acontecimentos daquela manhã estressante e não busca fazer nenhum desenvolvimento pessoal para crescer a partir dessa experiência (embora seja possível contratar um consultor comportamental felino para isso, tenho certeza). Não somos gatos. Somos capazes de sentir uma emoção e depois pensar sobre ela antes de adotarmos determinado comportamento. Existe um espaço entre o sentimento e o comportamento, e é importante utilizá-lo com sabedoria.

Quando estiver se sentindo estressado, experimente fazer uma breve análise. Não precisa ser uma análise de alguém formado na faculdade e que passou mais de seis anos estudando. Apenas pense um pouquinho mais sobre por que você pode estar se sentindo estressado. Por que seu cérebro está ativando essa emoção? E, considerando que o sentimento é a sua experiência do que está acontecendo em seu mundo, você consegue pensar mais a respeito e ver se é possível fazer algo para se ajudar? Seu cérebro é poderoso e está absorvendo tudo a partir do seu mundo interno e externo e criando emoções em resposta a isso. Não importa de onde veio a informação original (do mundo exterior ou do seu mundo interior), ela ficará no seu cérebro para ser processada por um tempo — portanto, vale a pena ficar ligado nisso. Você tem mais tempo para pensar do que imagina. Na verdade, nós, psicólogos, chamamos isso de "metacognição", que significa pensar sobre pensar.

É importante observarmos os pensamentos em nossa mente. Talvez sejam sobre uma área específica de nossa vida. Talvez sejam sobre nosso trabalho. Especificamente, eles podem ser sobre um prazo iminente que achamos que não conseguiremos cumprir, mudanças constantes das quais não conseguimos acompanhar o ritmo, uma pressão inexorável sobre um projeto específico, implicâncias por parte de um membro de nossa equipe ou de um chefe altamente narcisista que não para de nos atormentar no fim de semana. Ou talvez os pensamentos girem em torno do fato de não gostarmos mais do nosso trabalho, mas simplesmente não sabermos o que fazer a seguir.

Talvez os pensamentos sejam sobre o nosso relacionamento. Talvez estejamos tendo dificuldades com nosso(a) companheiro(a). Talvez estejamos percebendo que ultimamente não tivemos tempo suficiente para passar com ele/ela. Talvez seja porque não estamos vivendo um relacionamento, porque nos separamos recentemente, ou talvez não tenhamos encontrado "a pessoa certa" e não queremos desperdiçar mais nenhuma noite com encontros enganosos marcados pelo Tinder e conversas idiotas que não levam a lugar algum. Talvez os pensamentos girem em torno de acontecimentos em nosso lar ou com nossa família. Talvez tenhamos pais idosos. Talvez tenhamos dificuldades financeiras. Talvez tenhamos pensamentos constantes sobre alguém por quem ainda estamos enlutados, e parece que não conseguimos tirar essa pessoa da cabeça.

Talvez nossos pensamentos se expandam para o ambiente global e, ao lermos sobre todas as crises divulgadas pela mídia, absorvemos os acontecimentos do mundo todo. Talvez por sermos cidadãos preocupados e empáticos, estejamos constantemente nos perguntando para onde o mundo está indo, e isso não sai da nossa mente. Talvez nossos pensamentos sejam sobre tudo isso. Talvez nossos pensamentos sejam sobre outra coisa.

O que quer que esteja em nossa mente, porém, é importante saber o que é. Observe. Então, podemos trabalhar com o que ela está tentando nos comunicar. Quando percebemos um pensamento, é útil nos perguntarmos: posso fazer algo a respeito disso? Ou posso fazer algo para mudar a forma como me sinto neste momento? O que quer que façamos, não devemos ignorar os pensamentos nem os reprimir.

Conforme estabelecemos, existem muitas coisas acontecendo no mundo exterior com as quais o cérebro está constantemente interagindo. Entretanto, em alguns casos, podemos estar nos sentindo de uma determinada maneira porque estamos pensando de uma forma que não ajuda e que gera mais estresse do que o necessário. Nossas emoções estão reagindo ao mundo exterior, mas também à forma como pensamos internamente (que pode muitas vezes ser distorcida). A maioria de nós pensa o que pensa, sem pensar em nada disso, e nos angustiamos no processo (então, isso é pensar muito... de novo!).

Como seres conscientes, estamos sempre interpretando o mundo que nos cerca, tentando dar sentido ao que acontece. Mas e se estivermos pensando errado e depois passarmos o dia errados sobre determinadas coisas? Provavelmente, isso está acontecendo com todos nós até certo ponto, o que nos causa estresse e ansiedade desnecessários. Se você pensar no volume de pensamentos que passa pela sua mente todos os dias (um estudo de 2020 revelou que as pessoas normalmente têm cerca de seis mil pensamentos por dia), não queremos cometer muitos erros de pensamento e, como resultado, nos sentirmos péssimos com isso.[11]

Estilos de pensamento que não ajudam são conhecidos como distorções cognitivas. Se você pensa que não tem nenhum e que seus processos de pensamento estão totalmente corretos, literalmente, repense isso. É provável que todos nós tenhamos pensamentos distorcidos. Estima-se que nossos antepassados tinham formas de pensar muito eficientes há milhares de anos, e isso teria sido muito útil para eles naquela época. Na verdade, nossos estilos de pensamento teriam sido "úteis" naquela época.

Os *homo sapiens* que não tiraram conclusões precipitadas ou que não exageraram ao considerar um perigo teriam sido mortos muito tempo antes. Todos viemos de uma longa linhagem de *homo sapiens* ansiosos que, devido à sua natureza cautelosa e ao que muitas vezes consideramos formas "tolas" de pensar, mantiveram seu bando seguro, prevendo sempre o pior. Porém, infelizmente, assim como muitas coisas no mundo moderno, as velhas formas de pensar nem sempre nos são úteis agora. Podem nos deixar completamente infelizes e com burnout.

Um dos meus clientes, Tim, era especialista em carregar a culpa em seus próprios ombros. Tudo o que aparentemente não funcionava na vida dele era interpretado (por ele mesmo) como sua culpa, e somente sua. Ele se via como a única razão pela qual nada jamais dava certo. Essa forma de pensar o deixou sentindo-se desesperançado, indigno e sem absolutamente nenhum vigor para se esforçar em tentar criar uma vida melhor porque, afinal, para quê? Ele simplesmente destruiria tudo. Do meu ponto de vista, isso não era verdade, mas Tim acreditava intensamente nisso; ele passara a vida toda lidando com esses pensamentos repetidamente.

Por mais que todos personalizemos as coisas em certa medida (conforme está gravado em nós), algumas pessoas fazem isso mais do que outras, o que é algo que possivelmente teve origem na infância delas. Culpar-nos constantemente pelas coisas que nos acontecem pode diminuir a nossa autoconfiança para experimentar coisas novas (e assim ganhar mais autoconfiança). Também nos afasta do modo de resolução de problemas por intermédio do qual poderíamos tornar as coisas melhores. No trabalho com Tim, eu o ajudei a reinterpretar cognitivamente as coisas que aconteceram com ele (no passado e no presente) para que pudesse enxergar explicações alternativas sobre a causa dos acontecimentos. Ele não era culpado por cada coisinha que dava errado, e, devagarzinho, com o passar do tempo, conseguiu ver isso. Ele conseguiu pensar em uma série de razões para as situações terem acontecido, para as pessoas terem dito certas coisas e, principalmente, para as mulheres não ligarem para ele depois do primeiro encontro (esse era um problema comum, podem acreditar), e entendeu que nada tinham a ver com ele. Ele ganhou uma perspectiva mais equilibrada sobre a vida e sobre seu lugar nela. No final das contas, o mundo não estava contra ele. Uma das minhas maiores alegrias como psicóloga é ver um cliente deixar de se culpar internamente e conquistar autoconfiança (e, no caso de Tim, um pouco além da medida também!).

Existem alguns estilos de pensamento que não ajudam ou distorções cognitivas que podem levar a um acúmulo emocional desnecessário, e é importante estarmos sempre ligados em nós mesmos para vermos se estamos utilizando qualquer um deles — sobretudo quando a emoção for negativa e não conseguirmos mudar o pensamento.

Talvez você tenha tendência a exagerar ao considerar um perigo e dar às coisas uma proporção muito maior do que elas têm de fato, vendo todos os problemas como o fim do mundo. Se algum dia você encontrou um caroço no seu corpo ou uma sarda estranha e começou imediatamente a escolher uma playlist para o seu funeral, você sabe a que me refiro. Talvez exageremos em nossa participação na "ampliação e minimização", quando inflamos coisas insignificantes e minimizamos coisas que deveriam ser maiores. Podemos acabar nos concentrando na única coisa ruim que aconteceu em um dia em que também aconteceram várias coisas boas, que nem sequer percebemos. Observe sobre o que você conversa com as pessoas em sua casa à noite — é um relato equilibrado das coisas boas e das ruins?

Talvez nossos pensamentos sejam muito "tudo ou nada" ou "preto e branco", sem que consideremos o cinza. Qualquer pessoa que tenha cometido um erro no trabalho, concluído que é um fracasso total e pode perder o emprego se identificará aqui. Talvez tudo precise estar perfeito em casa e, se não estiver, é o fim do mundo, causando irritação constante. Pois é, eu sei, é irritante quando as pessoas espalham nossas almofadas fofinhas, mas isso não significa que o mundo vai acabar, ainda que pareça assim em nossa mente. Essas formas de pensar pouco úteis provocam um sofrimento emocional inútil.

Outro estilo de pensamento cognitivo que provavelmente nos teria sido muito útil na época das cavernas é a "leitura de mentes". No passado, quando encontrávamos pessoas que não falavam o nosso idioma, absorvíamos o que, de fato, conhecíamos (de uma forma muito inconscientemente tendenciosa, obviamente), líamos suas mentes e depois nos comportávamos de acordo. Não parávamos para bater um papo ou para tentar descobrir e entender o que diziam ou queriam dizer. Elas poderiam ser perigosas, é claro, então, era melhor simplesmente presumir o pior. Avançando até os dias de hoje, repetimos esse comportamento. Fique atento às conclusões precipitadas a que você chega quando alguém não respondeu uma mensagem de texto, quando o garçom não riu da brincadeira que você fez quando pediu seu café com leite matinal ou quando a pessoa nem sequer clica em sua conversa de WhatsApp com ela para ver a mensagem que você mandou. Na condição de palestrante profissional, sou particularmente suscetível à linguagem corporal dos integrantes da minha plateia. Não há nada como um olhar de soslaio ou um bocejo para deixar ressabiada uma pessoa que fala para uma plateia.

Nós, seres humanos modernos, também somos bastante talentosos na "adivinhação". Se alguma vez tivemos um encontro difícil com uma pessoa (ou mesmo se ouvimos dizer que aquela pessoa é difícil), é automático prevermos que, no futuro, quando encontrarmos essa mesma pessoa, ela será difícil. Nosso cérebro retém muitas informações importantes sobre nossas experiências, por isso preverá o que pode acontecer a seguir com base nas informações que possui (e sim, ele sempre se prepara para o pior). Fazemos suposições sobre pessoas, acontecimentos e situações antes de ocorrerem — e provavelmente nos preocupamos desnecessariamente com elas ou até evitamos avançar em direções que são necessárias para nós. O futuro ainda não existe, por isso precisamos nos manter abertos às infinitas possibilidades. Pessoas difíceis podem ser muito legais, às vezes!

Pensamentos não são fatos. Só porque pensamos determinada coisa, não significa que seja verdade. Precisamos questionar nossos pensamentos e verificarmos se são úteis e se vale a pena mantê-los. É claro que vale a pena descartar totalmente alguns pensamentos. Outros são uma enorme perda de tempo e ocupam um espaço que poderia ser utilizado para armazenar informações mais importantes (como nossos empolgantes objetivos, ideias brilhantes que queremos concretizar, novos livros que queremos ler, chocolate, cachorros fofos, Ryan Gosling etc. — ou talvez essa seja só eu).

Aprender a descartar alguns pensamentos é uma técnica poderosa que pode nos ajudar a tirar da mente aqueles que são inúteis e indesejados. Envolve perceber o nosso pensamento, decidir se vale a pena mantê-lo e, se não, descartá-lo conscientemente. Isso pode significar observá-lo em nossa mente enquanto ele sai flutuando pelo céu, ou podemos colocá-lo visualmente em uma folha de árvore e observá-lo boiar riacho abaixo. Ou você pode fazer o que eu faço e declarar "não vou pensar nisso", e então se distrair intencionalmente com outra coisa — TV, um livro, culinária ou canções de amor da década de 1980 (repetindo, essa talvez seja só eu).

Também podemos desafiar os pensamentos negativos incômodos. Pense em um amigo que é um advogado do diabo, muito prestativo (e atencioso) com o que você diz. Ou imagine que você é um terapeuta. Ora, até finja que estou falando com você (que é meio o que estou fazendo) e desafie os pensamentos que não querem mudar. É importante se perguntar o seguinte: isso é um fato? Existe qualquer evidência para justificar o que estou pensando? Qual é a evidência que sugere que o que estou pensando é verdade? Então, foque, deliberadamente, em pensamentos alternativos. Considere discutir um pouco consigo mesmo. Existe qualquer evidência contra os pensamentos que estou tendo? Quais são as perspectivas alternativas? Examine os fatos e veja se há outras explicações para seus pensamentos, e talvez inclua algum indício de que seus pensamentos estão errados (como se estivesse em um debate, do lado com o qual não concorda). Reserve um tempo para encontrar alguma prova de que talvez seus pensamentos estejam errados e que, por conta disso, você anda se angustiando desnecessariamente.

Lembre-se de que o problema não é o estresse, o que mais importa é o que fazemos com ele. Às vezes, acidentalmente nos estressamos ao nos envolvermos em pensamentos que tornam as coisas muito piores. Se olhássemos um pouco mais para o nosso pensamento, o analisássemos e mudássemos um pouco, modificaríamos a forma como nos sentimos, retornando a um modo de pensar mais saudável e longe do burnout.

Lembre-se sempre de que temos a capacidade de mudar nossos pensamentos. Inicialmente, nosso cérebro tenta nos controlar, mas é sempre possível retomar as rédeas e controlá-lo novamente. Lembre-se também de que não somos gatos (obviamente), então o espaço entre a sensação e o comportamento está à nossa disposição.

Considerações

Em que estou pensando?

Estou tendo pensamentos recorrentes?

Esses pensamentos acontecem em momentos específicos?

Esses pensamentos acontecem em determinadas situações?

Esses pensamentos acontecem na presença de pessoas específicas?

Esses pensamentos acontecem mais quando estou sozinho?

Há temas ou tópicos específicos em meus pensamentos?

Estou me permitindo ter algum estilo de pensamento inútil, como exagerar demais ao considerar um perigo, ampliar/minimizar, personalizar, pensamentos de "tudo ou nada", ler mentes ou adivinhar o futuro?

Posso reinterpretar meus pensamentos com uma forma de pensar mais realista?

Como o controle dos meus pensamentos pode prevenir o burnout?

Desafio

Conversa amigável com você mesmo

Da próxima vez que sentir que seus pensamentos estão um pouco descontrolados, experimente conversar com você mesmo como conversaria com um amigo. Somos sempre os "sabe-tudo" na hora de dar conselhos a outras pessoas, e nossos conselhos são sempre os mais sábios, portanto, experimente fazer isso na forma de uma conversa com você mesmo. Da próxima vez que for acuado por um pensamento inútil e que faça você sofrer, saliente para você mesmo que talvez seja um estilo de pensamento que não ajuda e dê a si mesmo algumas explicações alternativas para o que está pensando. Com compaixão, discorde de si mesmo, como um amigo faria, e ofereça a si mesmo outras razões e considerações a serem lembradas, diferentes do pensamento dominante. Isso lhe dá a oportunidade de criar novas perspectivas em sua mente e, quem sabe, aliviar qualquer angústia desnecessária – assim como nossos amigos fazem conosco quando nos reencontramos.

Compromisso

Daqui para a frente,
me comprometo com
esses novos rituais
para desenvolver uma
maior compreensão da
minha relação com meus
pensamentos...

Observações

Aprenda a ser

Quase tudo volta a funcionar se você desconecta
por alguns minutos, inclusive você.

Anne Lamott

Existe uma frase cunhada pelo Dalai Lama que diz: "Somos seres humanos, não fazeres humanos". Embora a atitude mental seja certamente verdadeira, e não seria sensato discordar dos ensinamentos do Dalai Lama, se formos aplicar isso de forma realista em nossas vidas, precisamos de ambos. Precisamos encontrar o equilíbrio entre ser e fazer para que possamos conquistar o que desejamos na vida.

Encaremos os fatos, as pessoas mais suscetíveis ao burnout passam muito tempo ocupadas. Estamos sempre em movimento com as diversas funções que assumimos e provavelmente já funcionamos assim há um bom tempo. Geralmente passamos mais tempo *fazendo* do que *sendo* e, em consequência disso, não nos envolvemos conscientemente em qualquer que seja a atividade que estamos realizando. É como se vivêssemos duas vidas: nosso corpo no momento presente e nossa mente em outro lugar. Se você já dirigiu pela rodovia e perdeu a saída sem nem perceber, se identificará. Ou talvez tenha deixado a prancha de cabelo desligada, mas pensou que a deixara ligada e só lembrou que realmente a desligou uma hora depois, enquanto estava no trabalho (ou talvez seja só eu). Isso ocorre porque nosso corpo estava lá naquele momento, assim como nosso cérebro, em certa medida, mas nossa mente estava em outro lugar. Não estávamos 100% presentes no momento, e isso pode ser problemático.

No mundo contemporâneo, onde estamos sendo condicionados por forças externas a nos concentrarmos em fazer, fazer e fazer, com uma mente que raramente descansa para passar um tempo no momento presente, é necessário dar mais crédito à incorporação de um tempo para simplesmente ser. Sem esses momentos para estar presente, processar o dia, refletir e apenas pensar, podemos nos encontrar em uma trajetória pouco saudável rumo ao burnout. É por isso que aprender a apenas ser, mesmo que só por alguns minutos, precisa ser ritualizado em nossa agenda.

Ao contrário do que muitos pensam, não precisamos nos mudar para um eremitério hindu para encontrar tempo para ser. Tampouco precisamos ir para um retiro de saúde nas copas das árvores ou fazer caminhadas no deserto. Embora todas essas aventuras do "ser" pareçam revitalizantes e provavelmente funcionem, essas buscas maiores por paz e tranquilidade podem ser bastante irreais para muitos de nós (por exemplo, quem vai cuidar das crianças, regar as plantas, troca a areia do gato... todas as coisas?). É por isso que, para manter o burnout sob controle, temos que pensar de forma um pouco mais realista e nos perguntar como, em um dia normal, podemos simplesmente... ser?

Mas o que é preciso para simplesmente *ser*? Envolve ser proativo na organização de algum tempo para voltarmos ao momento presente. Trata-se de utilizar pequenos pontos de contato ao longo do dia para voltarmos ao alinhamento físico e psicológico. Todos podemos fazer isso, mas acho que muitos esqueceram como fazer (ou ser, nesse caso).

Atividades de meditação e atenção plena são muito úteis aqui. Talvez as tenhamos experimentado um pouquinho e desistimos, considerando-as impossíveis para uma mente que não se aquieta. Ou talvez consideremos um tanto tola a atividade de se sentar em uma almofada com as pernas cruzadas e fazendo "hummmm". Talvez não consigamos sequer nos sentar em uma almofada com as pernas cruzadas. A meditação certamente é algo que recomendo a todos os meus clientes, mesmo quando a reação da pessoa é revirar os olhos. Para quem não está familiarizado com a meditação, pode parecer necessário encontrar um tempão para praticar ou mesmo que precisamos de anos de treinamento para conseguirmos tirar benefício dela, então as pessoas tendem a bloquear a ideia da meditação muito rápido. Também pode parecer um pouco "sobrenatural" demais para alguns, e isso os assusta. Portanto, sempre avanço com cuidado quando puxo este assunto.

A meditação é uma prática pela qual concentramos nossa mente em um pensamento, atividade ou mesmo objeto específico. Ao adotar essa prática, podemos treinar nossa atenção e consciência para somente uma coisa, o que possibilita que corpo e mente se alinhem com o momento presente e acalmem o sistema nervoso. Um dos muitos aspectos maravilhosos da meditação é que os benefícios podem se originar de qualquer um de seus muitos estilos — seja praticando-a durante dez minutos ou uma hora, seja ela praticada em silêncio ou ao som de mantras, seja a condução da prática feita por alguém ou sozinho, seja envolvendo música ou sem barulho. Muitos iniciantes praticam durante um período curto e costumam gostar de ser conduzidos por outra pessoa que os instrui e mostra como proceder para eles serem pessoas mais calmas. Muitos dos meus clientes (entre eles, muitos trabalham uma quantidade absurda de horas por dia) preferem começar seu dia com uma meditação de vinte minutos como parte de seu ritual matutino — antes de serem inexoravelmente acossados pelas demandas do seu dia a dia. Apenas colocando fones de ouvido e escutando seu aplicativo de meditação predileto, eles conseguem assumir o controle do seu dia antes mesmo de começá-lo.

A atenção plena é como a meditação, no sentido que envolve prestar atenção ao momento presente com consciência total, mas trata-se mais de envolver-se com a experiência sensorial de estar presente no agora. Ao possibilitar que nossa mente e nosso corpo fiquem atentos ao momento, ficamos propensos a nos tornar mais sintonizados a nós mesmos, a escutar o que nosso cérebro e nosso corpo precisam que façamos e a ser mais receptivos quanto aos nossos próprios pensamentos e emoções. Para alguns dos meus clientes, isso significa eles "se levarem" ao parque na hora do almoço para saborear seu sushi em paz, longe da mesa de trabalho e de colegas que vivem interrompendo. Outras pessoas aproveitam um momento dentro do carro depois de deixar as crianças na escola para fechar os olhos durante dez minutos antes de seguir a toda para seu próximo compromisso. Algumas param e se envolvem intencionalmente em uma atividade de atenção plena como colorir, montar quebra-cabeças ou pintar para ajudar a recalibrar as energias ao longo do dia.

"Ser" pode significar envolver-se conscientemente no momento presente com nossas tarefas em vez de envolver-se acidentalmente nas multitarefas a que tanto nos acostumamos. Por exemplo, quando nosso(a) companheiro(a) chega em casa depois de um dia de trabalho, podemos parar de preparar o jantar para lhe dar toda a nossa atenção durante dez minutos e bater um papo sobre o dia. Pode significar desligar nosso telefone durante as refeições para não sermos interrompidos por terceiros enquanto jantamos com a família. Ou pode significar estar completamente envolvido com nossos filhos em suas atividades após a escola, observando-os em vez de utilizar esse tempo para verificar os e-mails recebidos. Fazer uma coisa de cada vez com atenção plena nos possibilita a oportunidade de estar presentes, em vez de entrar na exaustão mental de fazer coisas demais ao mesmo tempo.

O simples fato de ajustar o modo como respiramos nos ajuda a "ser". Na correria do dia a dia, nossa respiração muitas vezes fica superficial, o que contribui para a ativação da nossa resposta de lutar, fugir ou congelar. Parar intencionalmente ao longo do dia e calibrar o sistema nervoso com um pouco de respiração profunda pode nos levar de volta à homeostase. Já foi comprovado que a respiração diafragmática (barriga), que envolve inalar e exalar o ar lenta e profundamente a partir do abdome, melhora o estresse, a ansiedade e sintomas depressivos.[12]

Mudar ou criar qualquer hábito é difícil, particularmente quando não fazemos isso normalmente, mas quanto mais praticarmos estar presentes e nos evolvermos completamente em uma atividade com todos os nossos sentidos, mais fácil fica. Com o passar do tempo, provavelmente isso se tornará seu novo normal. Nunca se sabe, você pode até gostar do presente. É bem legal aqui.

Considerações

Eu me sinto desconectado do momento durante todo o dia?

Existem momentos ou situações específicos em que me sinto menos envolvido?

Tenho tendência a me desligar mentalmente quando tem alguém conversando comigo?

Alguém do meu convívio já me falou que às vezes não estou presente?

Existe alguma atividade que gosto de fazer que me faz sentir totalmente presente e em um estado de fluidez?

Será que consigo dedicar mais tempo durante o dia para me envolver nessas atividades?

Será que tenho pequenos intervalos durante o dia em que posso parar por um momento e "ser"?

Será que consigo incorporar algumas novas atividades de atenção plena ou meditação na minha agenda?

Será que consigo me envolver com mais hobbies e atividades que amo?

Quando seria o melhor momento e o mais realista para fazer isso?

Como aprender a "ser" pode prevenir o burnout?

Desafio

Ritual matutino

Às vezes pode ser difícil encontrar um momento durante o dia para simplesmente ser, particularmente no início de uma "jornada do ser" — é por isso que iniciar o dia com um ritual pode funcionar. Programe seu alarme para vinte minutos antes do horário habitual, antes de começar a confusão de todos os dias. Saia da cama e sente-se em uma área silenciosa da casa (de preferência, nem sequer saia do seu quarto), sem olhar seu telefone nem ligar o rádio ou a TV, e faça vinte respirações profundas para se concentrar. Concentre-se apenas em inspirar pelo nariz durante cinco segundos e encher os pulmões, prendendo a respiração durante cinco segundos e depois expirando lentamente pela boca durante cinco segundos. Repita isso, concentrando-se na direção do fluxo de ar e focando no processo. Observe como você se sente depois.

Compromisso

Daqui para a frente,
me comprometo com
esses novos rituais para
ajudar a me trazer para o
momento presente...

Observações

ANALISE SUA INFÂNCIA

Crianças são como cimento fresco.
Tudo o que toca nelas deixa uma marca.
DR. HAIM GINOTT

HANNAH ERA UMA MULHER de 28 anos que começou a se consultar comigo alguns anos atrás. Ela foi encaminhada por seu médico apresentando problemas de depressão e ansiedade. No início de nossa primeira consulta, ela disse: "Acho que quero deixar meu marido". Hannah era assistente executiva e amava seu trabalho, mas tirara uma licença por um período para criar seus dois filhos pequenos. O marido tinha um cargo administrativo bastante atarefado, trabalhava em tempo integral e frequentemente fazia hora extra até mais tarde. Hannah estava tentando, gradualmente, retomar sua carreira e voltou a trabalhar meio período, mas estava ficando bastante angustiada diante das dificuldades de todo aquele malabarismo.

Criar duas crianças pequenas com menos de quatro anos, trabalhar três vezes por semana, deixar as crianças na creche, manter uma casa limpa e funcional, manter a família alimentada e saudável, levar as crianças de carro até suas atividades, ser uma esposa feliz e comprometida, manter sua própria vida social e ter tempo para fazer exercício físico estava se revelando impossível. Hannah se sentia pressionada demais e constantemente sobrecarregada, não se achando boa o suficiente.

Em uma de suas primeiras consultas, discutíamos sua ansiedade, e ela falou da natureza intermitente dos sintomas. Ela não se sentia ansiosa o tempo todo, mas sentia que, em determinados momentos ou épocas, os sintomas pioravam. Especificamente, pouco antes, durante e pouco depois de visitas da sua mãe, quando mesmo um telefonema bastava para desencadear uma cadeia de sintomas de ansiedade. Por mais que Hannah conscientemente descrevesse a mãe como sendo uma pessoa adorável e "prestativa", obviamente alguma coisa em sua presença ou mesmo em um telefonema dela impactava Hannah.

Hannah fora criada em uma casa com dois pais amorosos; o pai trabalhava em tempo integral e a mãe era "do lar", cuidava dos filhos e mantinha a casa "muito limpa". Suas lembranças da infância, embora repletas de amor e carinho, eram salpicadas de imagens da mãe irritada com brinquedos largados pela casa, restos de comida sujando o chão ou qualquer bagunça. Hannah se lembra de sua casa sempre imaculada, com a fragrância de água sanitária dominando o ambiente. A mãe não deixava que Hannah e o irmão fizessem bagunça, e eles sabiam que qualquer coisa com a qual brincassem precisaria ser guardada imediatamente no lugar certo. Se não… era castigo na certa.

Hannah achava razoavelmente fácil obedecer a essas expectativas, e aprendeu muito cedo a manter tudo absolutamente limpo em casa. Ela era uma "boa menina", não era bagunceira e sempre ajudava a mãe. Mesmo durante a adolescência, quando a mãe saía com as amigas, Hannah sempre se certificava de que os pratos estivessem lavados, o chão, varrido e o pó, retirado das superfícies para que a mãe pudesse chegar em casa e ficar contente. Seu asseio, consideração e complacência mantinham a mãe satisfeita, e a casa, tranquila.

Na infância, recebemos reforço positivo em caso de determinados comportamentos e continuamos a praticá-los quando isso é altamente considerado pelas pessoas de nosso contexto, o que significa que aprendemos a repetir comportamentos que funcionam para outras pessoas (e para nós, às vezes). Mas também podemos receber reforço negativo. Isso significa que podemos aprender muito precocemente quais comportamentos precisamos adotar para evitar comportamentos adversos daqueles que nos cercam. No caso de Hannah, ela foi condicionada a manter tudo limpo em sua casa. Tudo precisava estar perfeito. Do contrário, ela tinha aprendido que a mãe ficaria chateada.

Esse condicionamento fluiu pela psique de Hannah, e assim ela continuou a se comportar na idade adulta. Ser muito exigente era uma qualidade admirável, assim como querer tudo perfeito. Isso foi relativamente tranquilo de conseguir por um tempo no início da idade adulta, antes de Hannah se casar, mas provou-se quase impossível para Hannah no papel de mãe de dois filhos que trabalha fora.

Todo adulto se comporta a partir de um modelo projetado na infância. No caso de Hannah, o modelo de uma casa perfeita e a filosofia de criação dos filhos de "ser visto, não ouvido" do passado não funcionavam conscientemente para ela, mas ela ainda se angustiava por isso não ter sido concretizado em sua casa. As expectativas depositadas nela eram exigentes demais. É quase impossível ter uma carreira, cuidar e brincar com nossos filhos, preparar refeições saudáveis todas as noites, manter-se em forma e saudável, passar tempo com nosso(a) companheiro(a) e mais tempo sozinhos e satisfazer todas as nossas necessidades no mundo moderno. É impossível deixar tudo perfeito. E, mesmo quando está, mudará um segundo depois. No entanto, aqui estamos, ainda nos comportando como fazíamos durante a infância, desempenhando os mesmos papéis que desempenhávamos em nossos lares do passado.

É claro, algumas pessoas conquistaram grande desenvolvimento pessoal desde a infância, mas a maioria não, porque a idade adulta atrapalhou, e simplesmente ficamos ocupados. É importante explorar a forma como nos comportávamos na infância e na adolescência e como isso nos transformou nas pessoas que somos agora. Obviamente, existem experiências traumáticas de infância que podem deixar marcas profundas em crianças e, portanto, no adulto, mas também existem papéis e funções aparentemente insignificantes que representávamos na infância e que ainda podem afetar nossa psique adulta. Muitas vezes a forma como somos pode ter-nos ajudado na infância — nos ajudando a conviver com nosso sistema familiar com todas as suas personalidades gloriosas (e as não tão gloriosas) —, mas pode não ser útil agora na idade adulta.

Olhando para o passado, talvez tenhamos sido o filho mais velho que cuidava de todos e, por isso, ainda vemos esse como o nosso papel agora. Ou talvez tenhamos sido o bebê de uma família grande que recebeu os cuidados de outras pessoas e temos dificuldade em fazer isso sozinhos agora, razão pela qual as coisas não param de se acumular. Talvez tenhamos vivido em uma casa onde as crianças eram vistas, mas não ouvidas, e por isso temos dificuldade em falar diante dos outros no trabalho. Talvez devido ao falecimento de nosso pai ou mãe durante nossa infância, tenhamos assumido a responsabilidade de cuidar e prover para todos muito precocemente, e agora simplesmente não sabemos como não ser assim. Talvez nosso pai ou mãe nos tenha dado muita atenção quando nos saíamos bem na escola e, do contrário, recebíamos bem pouca atenção, então estamos sempre buscando conseguir as coisas e não sabemos como parar. Talvez tenhamos ouvido que "homem não chora", e então aprendemos muito precocemente a ocultar nossos sentimentos. Talvez tenhamos aprendido que a casa precisa estar perfeita para sermos a melhor mãe, e quando não está ficamos terrivelmente ansiosas.

Às vezes, os momentos em que temos um "gatilho" podem nos dar uma pequena pista sobre as circunstâncias que nos afetaram no passado. No caso de Hannah, seriam brinquedos espalhados pelo chão, um comentário do marido sobre a casa bagunçada ou até mesmo sua mãe ligando. Precisamos nos conscientizar sobre esses gatilhos, e se não quisermos ser reativos a eles, devemos explorar formas de não deixar que nos afetem.

Nós, psicólogos, muitas vezes não conseguimos deixar de aprender com os outros quando trabalhamos com nossos clientes. Por mais que escutemos milhares de histórias humanas ao longo dos anos, não conseguimos deixar de refletir sobre as nossas próprias histórias. Entre meu próprio trabalho com os clientes e meu desenvolvimento profissional, sigo aprendendo sobre mim mesma até hoje. Breves momentos esclarecedores surgem para mim e para meus clientes ao longo de nossas consultas enquanto trabalhamos arduamente como detetives para desnudar por que somos como somos. Há uma empolgação no momento da descoberta que surge quando o mistério é resolvido, e depois o alívio. Muitas vezes, quando o inconsciente se torna consciente, podemos embarcar na jornada de mudança para algo que funcione melhor para nós. Algumas das formas como nos comportávamos inconscientemente funcionaram para nós naquela época, mas podem não estar funcionando agora. E, infelizmente, podem estar impactando o

DO BURNOUT AO BRILHANTISMO   109

nosso bem-estar no momento presente ou mesmo contribuindo para uma carga de estresse que não podemos transferir.

No caso de Hannah, foi perceber que precisava aceitar a imperfeição. Era impossível que desempenhasse todas as suas funções com a competência que ela (ou sua criança interna) esperava. Precisava parar de se cobrar tanto e internalizar o desconforto de viver em uma casa um pouco bagunçada, nem sempre sentar-se no chão para brincar com os filhos e aceitar pedir comida no delivery de vez em quando. Sua recuperação também significava ter uma conversa com seu maridinho... e com sua mãe.

A recuperação do burnout implica bater um papinho com a nossa criança interior, porque a forma como fomos criados pode não estar mais funcionando para nós. Revelar esses padrões de comportamento nos dá a oportunidade de modificá-los. Frequentemente, costuma ser melhor procurar um profissional de saúde mental para ajudar você a se aprofundar em sua psique e a revelar e processar essas memórias. Com essas ideias, podemos avançar rumo a algo que esteja mais alinhado com a forma como queremos viver no presente e que contribua para a maneira como queremos nos sentir.

Considerações

Como eu descreveria minha infância?

Pensando na minha infância, houve algum acontecimento significativo?

Como era a relação que eu tinha com minha mãe e meu pai?

Como eles interagiam e se comunicavam comigo?

Aconteceu algo difícil na minha infância? Como eu era disciplinado e como eu me sentia nesses momentos?

Eu me lembro de alguma pressão ou gatilho de estresse significativo?

Tenho algum gatilho da minha infância? Em caso positivo, qual(is) é(são)?

Sinto que minhas experiências de infância me influenciaram na idade adulta?

Como analisar minha infância e tudo o que aprendi durante esse período pode me ajudar a prevenir o burnout?

Desafio

Reflexões sobre a infância

Feche os olhos e lembre-se de quando tinha dez anos e morava com seus responsáveis. Ande pela casa, entre em cada cômodo e perceba o que acontece em cada ambiente. Utilize todos os seus sentidos durante esse passeio e internalize tudo o que vê, escuta, e sinta os cheiros e toque em diversos objetos conforme esse passeio vai avançando. Perceba quem está presente. Perceba o que dizem e quais assuntos estão sendo discutidos. Perceba os diversos papéis que todos representam na casa e, o mais importante, pense sobre como se sente. Agora abra os olhos e volte ao momento presente, pense em quanto da sua infância é recriado de alguma forma em sua vida atual, e se isso está impactando negativamente o seu bem-estar. Você pode mudar alguma coisa para aliviar a pressão?

Compromisso

Daqui para a frente,
me comprometo com
esses novos rituais para
compreender melhor o
papel que minha infância
representa no momento
presente...

Observações

Alimente sua alma

*Você tem coisas infinitamente preciosas
em sua alma que não podem ser tiradas de você.*
Oscar Wilde

Alguns anos atrás, eu trabalhava com uma cliente chamada May, que havia assistido a uma apresentação minha intitulada "O profissional próspero", que destaca as áreas que os profissionais de alto desempenho precisam cultivar mais em seu caminho para o sucesso, para que possam ser mentalmente saudáveis *e também* aproveitar a vida. Ela entrou em contato comigo algumas semanas depois para me consultar sobre a minha disponibilidade para novos clientes.

May era uma médica residente que trabalhava muitas horas seguidas, sentia-se exausta e muito pressionada logo no início da carreira. Nos meses anteriores, ela se viu questionando se a medicina era a profissão certa para ela. Além da carga de trabalho pesada e um ou outro paciente escandaloso, ela considerava uma carreira muito exaustiva e que a afetava a nível pessoal. May não tinha mais vida social nem oportunidade de se dedicar a nenhum de seus outros interesses, como culinária e moda. Ela se julgava com rigor demasiado por pensar em largar a carreira depois de ter passado tantos anos estudando medicina. Porém, o que May mais receava era o julgamento de seus pais, caso ela realmente abandonasse a medicina. Na verdade, ela dizia que eles "a matariam". Ela não se referia a assassinato, obviamente, mas àquele jeito como os pais ficam quando estão amargamente decepcionados e envergonhados — o que, em muitas culturas, é pior ainda.

Quando conheci May, ela tinha a aparência de uma obra de arte ambulante. Usava um batom brilhante, vestidos alegres e coloridos e sempre aparecia com uma flor no cabelo que combinava perfeitamente com sua vestimenta. Era difícil não se deslumbrar com seu estilo. Não precisava ser Einstein (nem Dolce & Gabbana) para saber o que ela realmente queria fazer da vida, mas não era o meu papel apontar isso.

Após algumas consultas com ela, May me contou que seu pai e seus tios eram médicos, e que ela não teve alternativa além de estudar medicina. Aquilo era tudo o que a família conhecia, então quaisquer outros hobbies ou paixões dos filhos não eram incentivados. Os leves indícios de uma designer de moda em ascensão (Arrá! Eu sabia!) foram descartados anos antes e May foi direcionada para uma trajetória profissional que não fora escolhida por ela. Sua alma, que florescia com criatividade, beleza e diversão, não tivera a oportunidade de sair para brincar, e mesmo quando isso acabava acontecendo naturalmente, era novamente silenciada enquanto a importância de se sair bem academicamente era priorizada.

Depois de finalizarmos nosso trabalho, o que envolveu muita discussão com relação a qual ela queria que fosse sua atividade cotidiana, quais eram seus princípios, o que a animava e quais crenças limitantes a atrapalhavam, a mente de May se abriu para novas possibilidades relacionadas ao trabalho que ela poderia exercer a fim de obter satisfação em todas as áreas de seu interesse. Não, ela não largou a medicina, mas se organizou para também desenhar roupas e começou a conciliar o tempo para fazer isso de acordo com sua agenda. Obviamente, tivemos que estruturar sua agenda para assegurar que ela tivesse tempo para fazer isso toda semana; em termos de objetivos, descobrimos que a melhor especialidade para ela no futuro seria a de médica da família. Essa vertente da medicina lhe proporcionava maior flexibilidade em seu expediente, o que lhe possibilitava ter tempo para ir atrás de suas outras paixões. May estava alimentando sua alma e não só se sentia mais feliz e mais saudável, como as pessoas à sua volta, no âmbito pessoal e profissional, também colhiam os frutos — até mesmo seus pais.

Muitas vezes, quando vejo pessoas se transformarem assim com o passar do tempo, não consigo deixar de me lembrar das áreas da minha vida que têm estado estagnadas por muito tempo. Amo desenhar e escrever textos à mão — minha caligrafia parece ter saído da era vitoriana, com todas as suas pinceladas caligráficas e traços rebuscados. A impressão que dá é que me perco no tempo e me esqueço de todo o resto que está acontecendo quando estou rabiscando em cadernos (juro, não é isso que faço quando estou com clientes). Ao concentrar a atenção em minha caligrafia, frequentemente pondero sobre o passado e sobre o motivo de ter sido afastada de uma trajetória profissional criativa. Questiono se a vida seria diferente hoje em dia se eu tivesse feito outra escolha e fico me perguntando se deveria retomar as aulas de arte. Como acontece com muitos de nós, no entanto, a vida simplesmente acaba atrapalhando, e esqueço o assunto.

Quando converso com as pessoas, percebo quem está infeliz ou sobrecarregado em sua própria vida, e fico me perguntando se a pessoa faz algo pelo qual tem paixão, que ela ame fazer por nenhuma outra razão a não ser porque sim. Pergunto se a pessoa está alimentando sua alma, e essa pergunta geralmente provoca uma expressão de estranheza, particularmente nos meus clientes que privilegiam o lado esquerdo do cérebro, que imagino estarem pensando: "Caramba, o que isso tem a ver com o modo como me sinto? Do que será que essa mulher está falando?". É uma coisa que muitas pessoas não pensam conscientemente, só depois de ficarem desesperadamente presas a emoções negativas.

Porém, e se isso for justamente o que está faltando? E se precisarmos voltar a fazer as coisas que fazíamos tão naturalmente quando éramos mais novos? E se precisarmos fazer agora as coisas que fazíamos antes, somente pelo prazer intrínseco que há naquilo? Simplesmente porque sim. Muitas pessoas se descobrem presas ao que a vida lhes disse que devem fazer, em vez do que realmente queriam fazer. Não foram muitos os que seguiram o que sua alma lhes pedia que fizessem, conseguindo seguir seu sonho de infância e viver sua paixão. Para muitos, algumas partes dos sonhos não foram concretizadas, ou talvez tenham simplesmente sido esquecidas.

Há muitas pessoas que são artistas e não fazem arte, leitores que não leem, curandeiros que não curam, escritores que não escrevem e criadores que não criam. Já tive clientes que são jogadores de futebol que não jogam futebol, surfistas que não surfam mais e músicos que não tocam mais música.

Muitas pessoas levam vidas que não incluem uma parte delas que as fazia se sentir vivas. Nós paramos de alimentar nossa alma. Como afirmou o escritor Steven Pressfield: "A maioria das pessoas vive duas vidas. A vida que vive e a vida não vivida dentro dela".

Muitos de nós temos uma vida em nosso interior que está em repouso, esperando ser vivida. E talvez, para sairmos do burnout e partirmos para algo melhor, precisemos retirá-la do esconderijo.

Talvez precisemos disso para ajudar a tirar o peso dos gatilhos de estresse que sentimos em nosso trabalho, nos distrair do mundo ruidoso em que vivemos, nos trazer de volta ao momento presente e iluminar nossa alma que deseja tão profundamente que nos conectemos com ela. Na verdade, muitas pessoas que sofreram com o burnout alegam ter se recuperado alimentando sua alma exatamente com o que ela precisava — reenergizando-a espiritualmente. Muitas pessoas se esqueceram do que sua alma precisava, e algumas nunca sequer souberam do que ela precisava, para começo de conversa.

Para nos mantermos satisfeitos e saudáveis, precisamos fazer frequentemente as coisas pelas quais somos subjetivamente apaixonados. São atividades que praticamos com fluidez, quando nos sentimos dentro de nosso elemento e quando nos sentimos mais animados. Os benefícios que obtemos com esses pequenos momentos de enriquecimento da alma fluem para outras áreas da vida, como relacionamentos e trabalho. Às vezes é bom quando fluem para nosso trabalho, mas muitas vezes não conseguimos conciliar os dois. Nesse caso, precisamos buscar fora do trabalho, como um hobby que amamos. Alguns dos meus clientes alimentaram suas almas escrevendo em diários, praticando voluntariado, viajando, fazendo trilha na floresta e escrevendo poemas. Outros adicionaram um pilar enriquecedor à sua estratégia empresarial, e outros alimentaram suas almas simplesmente ficando sentados escutando música. Alguns simplesmente dão à alma os pores do sol de que ela precisa.

Ninguém nos oferecerá uma vida que enriquecerá nossa alma; precisamos criá-la nós mesmos. Podemos começar vivendo-a agora, se quisermos, ainda que seja de modo mais modesto. Sacuda a poeira do violão, tire a vara de pescar do armário, faça aquela aula de arte ou dance a noite inteira, ainda que seja apenas uma noite. Precisamos retomar as coisas que esquecemos que amávamos fazer, mas que nossa alma tem nos chamado para relembrar.

Considerações

O que eu amava fazer quando criança?

Existe alguma atividade que sempre quis experimentar?

Alguma vez já senti um "chamado" para fazer alguma coisa?

Há algum lugar no mundo para o qual sempre quis viajar?

Existe alguma coisa sobre a qual me sinto compelido a aprender mais?

Quais são meus dons e talentos naturais?

Quais áreas da minha vida me parecem sem brilho?

Onde sinto a necessidade de expressar mais sobre mim?

O que verdadeiramente traz minha alma à vida?

O que eu faria se não houvesse nada me impedindo?

Como alimentar mais a minha alma pode prevenir o burnout?

Desafio

Quadro de visualização

Pegue algumas canetas coloridas, revistas, tesoura, cola e uma cartolina grande. Reserve bastante tempo para que a criatividade vá chegando devagarzinho. Quadros de visualização são uma representação visual de você mesmo e são úteis para levar pessoas aonde elas desejam ir, e muitas vezes é durante sua criação que o subconsciente começa a falar com elas. Normalmente exageramos nas análises das coisas e muitas vezes o que a sociedade espera de nós nos atrapalha a ser quem realmente somos. Quadros de visualização costumam conter uma grande quantidade de imagens, recursos visuais, ideias e textos que se identificam com sua alma e com o lugar em que ela quer levá-lo. Vagarosamente passe um tempo revirando as páginas de diversas revistas e perceba atividades, cores, fotos, palavras, citações e pessoas que se destacam para você, de que você gosta, em quem você se inspira ou com quem se identifica. Recorte-as e prenda-as no quadro. Passe algumas horas fazendo isso e fique atento aos temas recorrentes. Perceba se alguma coisa se destaca para você e em que sentido sua alma pode estar conduzindo-o.

Compromisso

Daqui para a frente, me comprometo com esses novos rituais para ajudar a alimentar minha alma...

Observações

Viva seus princípios

Aprendi que, desde que eu me apegue a minhas crenças e meus princípios — e siga minha própria bússola moral —, então as únicas expectativas a que preciso corresponder são as minhas.

Michelle Obama

Gabi, uma das minhas clientes, nos últimos anos, havia aberto sua própria pequena empresa para trabalhar com design gráfico e redes sociais. O que havia começado como um divertido projeto pessoal paralelo ao seu trabalho convencional das nove às cinco, lentamente se transformou em seu próprio negócio ao qual ela passou a se dedicar completamente. Após cerca de um ano trabalhando nas duas atividades, Gabi já tinha clientes e receita suficientes para poder largar sua insatisfatória carreira corporativa. Agora tinha flexibilidade em seu trabalho para receber um bebê que estava a caminho. Inclusive, obviamente, sua criatividade estava a mil e ela se sentia mais sintonizada com o trabalho. Trabalhei com Gabi durante uns dois anos para ajudá-la a administrar os primeiros anos da formação de sua família e os inevitáveis altos e baixos emocionais de administrar uma empresa ao mesmo tempo. Assim como muitas pessoas que nós, psicólogos, atendemos, Gabi não estava conseguindo ser ajudada porque estava em seu ponto de ruptura; às vezes as pessoas marcam consultas semifrequentes por motivos de desenvolvimento pessoal ou de manutenção de saúde mental. E era assim que funcionava nossa relação terapêutica... até Gabi conhecer Danielle. Então, as consultas passaram a ser semanais.

Gabi conheceu Danielle em um evento de networking para mulheres empreendedoras, e elas se deram super bem. Uma web designer inteligente e com tino para os negócios que também mexia com marketing e redes sociais, Danielle era um prato cheio de conhecimento e entusiasmo, e era emocionante conviver com ela. Também mãe, Danielle era dona de uma pequena empresa há um pouco mais de tempo que Gabi e sentia uma forte ligação pessoal e profissional com a moça — a ligação era tão forte que as duas acabaram fazendo uma parceria. A empolgação daquela nova relação empresarial ficou evidente durante uma consulta de Gabi enquanto ela contava sobre essa próxima fase de sua carreira.

Mas não demorou muito para a empolgação perder a força, e Gabi apareceu bastante angustiada em uma consulta alguns meses depois. Ainda admirada com aquela empreendedora com quem havia criado tamanha ligação, e ainda sem ter conectado os pontos, Gabi não estava apenas estressada, como também questionava tudo. Ela sentia como se não estivesse mantendo o trabalho em dia e não estivesse sendo flexível com as mudanças — justamente todas as coisas de que ela se orgulhava antes de iniciar sua pequena empresa. Sua autoconfiança no trabalho havia desaparecido e ela começara a duvidar de si mesma, o que provocava bloqueios em sua criatividade.

Após uma profunda exploração sobre o que havia acontecido nos meses anteriores, ficou claro que havia um conflito de princípios com sua recém-descoberta parceira de negócios. Os princípios que as reuniram no início — criatividade, sucesso e família — agora estavam prestes a separá-las. Não porque uma das duas estivesse errada, mas simplesmente porque trabalhavam com sistemas de princípios muito diferentes, e estavam completamente desalinhadas. Por exemplo, muitas pessoas têm um forte princípio de família. Para alguns, isso significa trabalhar muito para prover sua família, e era isso que Danielle fazia. Acordava às cinco da manhã todos os dias e começava a trabalhar, enviando e-mails e mensagens de texto para seus clientes. Em seguida, levava os filhos para a creche, trabalhava sem parar o dia inteiro e depois buscava as crianças às seis da tarde, para passar algum tempo de qualidade com elas e, em seguida, voltar ao trabalho quando já estavam na cama. Danielle não hesitava em ligar para Gabi de manhã cedo, nem em esperar trabalhos concluídos nos finais de semana — era simplesmente assim que ela fazia as coisas. Ela trabalhava arduamente, era eficiente e bem-sucedida, e estava ficando um pouco irritada (mas, ainda assim, de um jeito educado) com o fato de Gabi não conseguir acompanhar seu ritmo.

Gabi também tinha um forte princípio de família, mas a forma como este princípio funcionava era diferente. Ela passava um tempo com os filhos pela manhã, os deixava na escola e às vezes até ficava para ler ou ajudar nas aulas. Então, ela os buscava às três da tarde e os levava para fazer atividades extracurriculares. Era essa a previsão que tinha feito quando pensou em formar uma família — ter um negócio flexível que se moldasse aos horários dos filhos para que pudesse passar os primeiros anos com eles. Ela também trabalhava arduamente, era eficiente e bem-sucedida, mas seu trabalho era menos importante para ela do que os momentos que passava com os filhos. Os telefonemas de manhã cedo enquanto ela preparava o café da manhã dos filhos, reuniões com clientes marcadas em horários em que ela estava com a filha no balé e as expectativas de que ela concluísse trabalhos durante o fim de semana vinham, silenciosamente, deixando Gabi arrasada.

Em vez de comunicar sua angústia a Danielle, Gabi internalizava tudo. Sentia que era ela que estava deixando a desejar, e decidiu que não era suficientemente boa e que seria melhor desfazer a parceria. Ela estava tão exausta a ponto de não saber que rumo tomar, e não tinha energia para pensar em qual seria o próximo passo. Tínhamos duas pessoas que trabalhavam juntas, com princípios alinhados, mas a forma como esses princípios se concretizavam no mundo real era muito diferente. Nenhuma das duas estava errada, eram simplesmente pessoas diferentes e estavam desalinhadas, o que deixou uma delas à beira do burnout e pronta para abandonar um negócio de sucesso.

Quando nossos princípios estão desalinhados, sofremos emocionalmente. Princípios são aqueles valores profundamente enraizados com base nos quais vivemos e que informam nossas crenças sobre o mundo e a forma como nos comportamos nele. São como uma bússola interna que orienta nossas decisões. Isso parece suficientemente simples, pois todos temos princípios que nos orientam inconscientemente pela jornada de nossa vida, mas fica menos simples quando percebemos que estamos vivendo desalinhados com nossos princípios verdadeiros durante a maior parte da vida. Essa incongruência, juntamente com alguns outros fatores, provavelmente contribui para o nosso burnout. Então, isso suscita a questão: será que os princípios em que nos baseamos são mesmo nossos?

Sentimos que estamos mais felizes, contentes e vivos quando vivemos de acordo com os nossos próprios princípios. Estabelecemos alguns deles por conta própria ao longo da nossa jornada, mas há quem viva com o sistema operacional dos princípios alheios. Em geral, estamos predispostos a adotar os princípios das pessoas com as quais somos criados, da nossa família, dos nossos amigos e da sociedade em geral.

Identificar com clareza quais são os nossos princípios nos ajuda a não desviar do momento presente — nas horas boas e nas difíceis. Conhecer nossos princípios nos ajuda a nos sentirmos mais confiantes na tomada de decisões, nos ajuda a termos um conhecimento mais intuitivo, faz de nós pessoas menos propensas a nos compararmos com os outros e nos ajuda a traçarmos objetivos futuros que se alinhem com nossa visão particular. Mesmo que nos desviemos do rumo por um período devido aos acontecimentos inevitáveis da vida, saber claramente quais são os nossos princípios facilita muito mais na hora de nos reconectar com eles.

Então, como podemos definir nossos próprios princípios? Primeiramente, precisamos nos lembrar dos momentos mais significativos de nossa vida. São momentos em que estaríamos sentindo uma emoção positiva, mas também nos sentindo realizados e em paz. Esses momentos teriam sido significativos por um motivo, daí a importância de refletir sobre o que estávamos fazendo e por que esses momentos significaram tanto.

Ao pensar sobre quais poderiam ser naturalmente os nossos princípios, é útil prestar atenção às pessoas que nos cercam. Não só às pessoas próximas de nós, mas também às pessoas de fora do nosso círculo imediato, como os colegas, líderes nas áreas de nossos interesses, celebridades ou nossos artistas prediletos. Perceba as qualidades das pessoas que admiramos, respeitamos, em quem prestamos atenção ou que nos inspiram. Pense na razão dessa identificação com elas, e quais qualidades internas possuem que gostaríamos de incorporar.

Também vale a pena pensar sobre quem e o que nos incomoda (isso costuma ser uma tarefa bem fácil — para mim, pelo menos). O que há em determinadas pessoas (incluindo aquelas que não são de nosso círculo imediato) que nos incomoda? Que tipo de imagem vemos refletida nelas? Será que uma pessoa nos irrita porque o que ela faz e a forma como ela é contradizem nossos princípios, ou será que ela está incorporando fortemente princípios de que partilhamos, mas que ainda precisamos concretizar dentro de nós mesmos? É possível que muitas pessoas se aborreçam com determinadas celebridades bem-sucedidas, e vale perguntar a essas pessoas: por quê?

Também precisamos nos lembrar de que nossos princípios podem mudar com o passar do tempo e são influenciados durante toda a nossa jornada por diferentes experiências. As pessoas mudam, assim como seus princípios.

O mais importante a lembrar é que sempre que nossos princípios forem comprometidos por terceiros, ou até por nós mesmos, ou quando desviarmos para o caminho de outra pessoa que não seja lá muito bem o nosso, nosso cérebro e nosso corpo responderão de alguma forma. A sensação será esquisita. Provavelmente nos sentiremos apreensivos e descontentes, e, às vezes, talvez não consigamos sequer identificar a origem desses sentimentos.

Dar uma conferida frequente em nossos princípios é necessário. Precisamos nos certificar de que nossos comportamentos e ações diários são congruentes com nossos princípios. Da próxima vez que seu cérebro e seu corpo sussurrarem para você que algo deu errado, consulte seus princípios e pergunte: "O que estou fazendo está realmente alinhado com meus princípios?". Se não, ajuste sua direção para o sentido oposto e faça escolhas diferentes.

Considerações

Quais são meus princípios pessoais?

Quais são meus princípios familiares?

Quais são meus princípios profissionais?

Quais são meus princípios culturais?

Esses princípios são verdadeiramente meus? Ou será que foram incutidos em mim por outras pessoas? Esses princípios com os quais não me identifico precisam ser eliminados, então quais princípios me restam?

O que preciso adicionar ou remover da minha vida para refletir esses princípios?

Como viver alinhado com meus princípios pode prevenir o burnout?

Desafio

Viver com base em princípios

Pense nos seus quatro ou cinco princípios fundamentais — aqueles que você sabe que são os mais determinantes na sua vida. Escreva-os em algum lugar que os veja todos os dias, como na tela de bloqueio do seu smartphone, em um post-it colado em seu computador, com um marcador na sua geladeira ou com batom no seu espelho. Olhe para esses princípios todas as manhãs e permita que seu significado seja internalizado. Operacionalize o que significam para você e pense cuidadosamente em todas as medidas que precisa adotar ao longo do dia para se alinhar com esses princípios. Pense nos comportamentos que pode adotar para assinalar esses princípios. Em momentos complicados nos quais estiver tendo dificuldade para tomar a decisão certa, olhe para esses princípios e veja se a resposta aparece para você. Perceba como se sente a partir do momento em que, conscientemente, você passa a vivenciar esses princípios.

Compromisso

Daqui para a frente, me comprometo com esses novos rituais para levar uma vida baseada em princípios...

Observações

CRIE HÁBITOS SAUDÁVEIS

Quando se trata de saúde e bem-estar,
fazer exercícios com regularidade é o mais próximo
que se pode chegar de uma poção mágica.

THICH NHAT HANH

ALÉM DE PULAR NA ÁGUA em toda oportunidade que tenho, estar fisicamente ativa de alguma forma é uma necessidade para mim. Não só para minha saúde física, mas também para minha sanidade mental e emocional. Não sou nenhuma rata de academia, e tenho minhas gordurinhas, mas minhas sessões de exercícios da manhã e à noite são inegociáveis — independentemente do quanto meu dia tenha sido movimentado. Só um raio me para e, mesmo assim, por um breve instante. Quando eu sentir que minha vida (e a da minha cachorra) não está mais em risco por ser atingida por um raio, e sentir confiança de que ele foi embora, já boto a cara para fora de casa de novo. Pouca coisa é capaz de nos parar, de parar nossos passeios. Qualquer um que já tenha sido fisicamente ativo, mas deixou de ser (intencionalmente ou não) atesta com segurança o impacto negativo que isso representou, tanto no físico quanto no psicológico. Muitas pessoas se esquecem de que existem inúmeras ações e comportamentos que podem mudar a forma como nos sentimos. Isso é verdade não só no momento que sentimos uma emoção negativa (lembre-se de que não é o estresse que importa, é o que fazemos com ele), mas a título de prevenção — para nos manter física e psicologicamente saudáveis. Se tivermos uma boa saúde como base, teremos mais resiliência para lidar com a vida quando as coisas ficarem difíceis.

Existe uma enorme quantidade de pesquisas comprovando o quanto o exercício físico é benéfico para a nossa saúde física. Protege contra muitas doenças crônicas, reduz a pressão arterial, melhora a saúde cardíaca, mantém a força muscular, melhora a dor nas articulações e aumenta a expectativa de vida. Mas existe também uma fartura de estudos que comprovam o impacto positivo do exercício no cérebro.[13] É por isso que, independentemente de qual problema de saúde psicológica meus clientes apresentem, sempre me certifico de perguntar sobre seus níveis de atividade física e exercícios recomendados para reforçar seu bem-estar antes que saiam de meu consultório. Aposto que nenhum psicólogo discorda disso.

O exercício físico é a *melhor* coisa que podemos fazer para equilibrar nossas emoções negativas e voltar ao ponto de equilíbrio. A atividade física melhora o nosso humor — enquanto nos exercitamos e também depois. Não só melhora os estados negativos de humor, reduzindo a ansiedade e os sintomas depressivos, como também aumenta os estados positivos de humor, revitalizando e trazendo sensações de bem-estar, como a felicidade. O exercício físico produz endorfinas, e é por isso que nos sentimos tão eufóricos, felizes e energizados após essa atividade.

Envolver-se regularmente em atividades que deixam você ativo fisicamente também pode ajudar a aumentar nossa autovalorização, autoestima e autoconfiança. Isso é particularmente adequado em momentos da vida em que tenha acontecido algum incidente que deixou marcas na nossa autoestima (por exemplo, quando estamos com burnout). Para que este abalo aconteça, não é preciso acontecer nada gigantesco, e, se tivermos outros comportamentos que reforcem nossa confiança em nós mesmos, isso mantém tudo equilibrado. Já tive clientes que estavam vivendo desafios imensos — desde a turbulência emocional de lidar com um(a) companheiro(a) que teve um caso extraconjugal, passando por batalhas judiciais motivadas pelos negócios até conflitos no local de trabalho que abalaram completamente a autoconfiança deles e arrancaram-lhes a autovalorização — que relatam que a manutenção de sua rotina de exercícios evitou que desistissem de tudo.

Um dos benefícios comuns do exercício é o alívio do estresse, assim como a resiliência às situações desgastantes. Ele não só reduz o estresse físico que se acumula durante o dia, como também o mental. Aquela sensação de felicidade provocada pela atividade física que sentimos após movimentar o corpo está associada a uma queda nos hormônios do estresse. Como ele ajuda a aliviar a pressão, o exercício físico faz com que nos sintamos mais resilientes no dia seguinte para lidar com novos gatilhos estressantes. Mais um bônus do exercício físico é dormir melhor. Dormir bem permite que o corpo descanse e recupere suas forças para o dia seguinte. Enquanto isso, nossa memória de longo prazo pode consolidar tudo o que aconteceu durante o dia, o que também melhora o aprendizado. Já foi comprovado que a atividade física ajuda a dormir bem.

A criação de hábitos saudáveis vai além do exercício físico e compreende qualquer tipo de comportamento ou ação que possamos adotar para ajudar a mudar uma emoção de negativa para positiva. Anteriormente, discuti a importância das emoções e o quão é importante senti-las. Então, quando nos dermos a oportunidade de senti-las e processá-las, teremos a oportunidade de fazer alguma coisa para mudar o que sentimos.

Pesquisas mostram que atividades mais ativas, como exercício físico, podem ser eficazes para a recuperação de problemas de saúde mental, seja ansiedade ou depressão. Entre a infinidade de atividades saudáveis de recuperação que podemos praticar, são as ativas (atividades físicas, sociais e criativas) as mais úteis para melhorar o bem-estar, e não as mais passivas (como assistir à TV). Pode ser um hobby que nos desafie e exija esforço ou habilidade, como aprender a tocar um instrumento musical ou um novo idioma. Esses tipos de atividades nos mantêm em um "estado de fluidez", que significa que ficamos mais envolvidos no momento presente, desafiados pela atividade e distraídos dos gatilhos de estresse de nosso mundo. Esses tipos de atividades ajudam a reconstituir nossos recursos exauridos.

Nós, seres humanos, somos animais de bando, portanto, não surpreende que atividades sociais prazerosas estejam entre as que mais contribuem para nos manter saudáveis psicologicamente. Estudos já comprovaram em diversas oportunidades que as atividades sociais são um importante componente da redução de estresse.[14] Seja batendo papo com os amigos, entrando para um clube ou conversando na internet, a oportunidade frequente de nos conectarmos, nos reunirmos e recebermos o apoio de que precisamos para o que estamos passando é fundamental.

Existem outras coisas que afetam nosso humor, como os alimentos e as bebidas que consumimos. Se formos sinceros conosco, diríamos que nosso consumo de alimentos nos impacta negativamente e contribui para que sintamos mais emoções negativas ou que nosso consumo está nos fazendo bem?

É sempre útil pensar nas pequenas coisas saudáveis que podemos incorporar proativamente em nossas vidas porque nosso cérebro é capaz de ser reativo no momento. Se não tivermos opções saudáveis elencadas, então, adivinhe: nosso cérebro nos leva para coisas insalubres para ajudar a nos tranquilizar. Se algum dia você teve um interruptor no cérebro que desliga após beber duas taças de vinho depois de um dia complicado e faz você beber a garrafa inteira, entenderá o que digo. Espalhe pela casa coisas saudáveis para que estejam lá sempre e façam parte da base saudável sobre a qual você costuma se sustentar. Se você vacilar às vezes, não se julgue — apenas volte às coisas saudáveis no dia seguinte. Não é preciso muito para o estresse se acumular em nossas vidas, portanto, é importante termos ações e comportamentos que incorporamos em nosso dia para equilibrá-los.

Considerações

Sendo honesto comigo mesmo, estou vivendo uma vida saudável?

Estou utilizando mecanismos de enfrentamento pouco saudáveis para as emoções negativas que possam estar agravando as coisas para mim?

Se eu fosse procurar ajuda, como ela seria?

Sou fisicamente ativo o bastante? Se não, o que posso começar a fazer para melhorar isso?

Será que preciso melhorar meu consumo de nutrientes? Se sim, o que posso começar a fazer para melhorar isso?

Estou passando tempo o bastante na natureza?

Estou socializando o bastante?

Estou fazendo alguma atividade criativa que ofereça à minha mente uma folga dos meus gatilhos de estresse?

Existe alguma coisa que eu costumava fazer antes para me sentir saudável e cheio de energia e que eu possa reincorporar à minha vida?

Como fazer coisas mais saudáveis em minha vida pode prevenir o burnout?

Desafio

Ritual de exercícios físicos

Independentemente do quão você seja fisicamente ativo, escolha uma atividade física que seja mais aprazível para você (alguma que você não pratique atualmente). Pode ser fazer um pouco de alongamento no quintal, dar uma volta de bicicleta pelo bairro, levar o cachorro para passear ao pôr do sol, empurrar os patinetes dos seus filhos no parque ou até mesmo entrar para uma aula de dança da vizinhança, mas seja específico na sua escolha. Agora, olhe em sua agenda e procure três espaços vagos de trinta minutos, seja pela manhã antes de começar seu dia ou ao final dele. Então, marque essas sessões de exercício nesses espaços como se fossem tão importantes quanto uma reunião ou uma consulta. Conte às pessoas próximas que está fazendo isso para que elas possam cobrar de você. Faça essa atividade durante um mês. Registre quaisquer mudanças físicas ou psicológicas que perceber durante e após esse período.

Compromisso

Daqui para a frente, me comprometo com esses novos rituais para servirem de apoio à minha saúde física e psicológica...

Observações

Durma bem

Dormir é um investimento na energia
de que você precisa para ser eficiente amanhã.

Tom Rath

Se eu recebesse um dólar por cada vez que um cliente disses-se que estava com problemas para dormir, eu seria uma mulher muito rica (pensando nisso agora, eu até ganho um dólar por cada vez que um cliente diz que está com problemas para dor-mir, pois esse é o meu trabalho). Mas não me identifico com a parte da riqueza. Acho que a maioria dos psicólogos concordaria comigo que dormir é problemático para muitos de seus clientes, particularmente para aqueles que têm enfrentado estresse crô-nico durante longos períodos (eles também concordariam com a parte de não serem ricos).

Imagina-se que, se uma pessoa está sofrendo com burnout, ela não tem o menor problema para dormir — a pessoa está tão cansada e exausta que só pensa em dormir. Só que nem sempre é assim. Muitas pessoas que sofreram com burnout enfrentaram problemas para dormir durante longos períodos até chegarem ao burnout, e, em seguida, o período em burnout desencadeou uma série de hábitos e rotinas de sono que não ajudam em nada (por exemplo, tirar sonecas). À época, esses hábitos e rotinas poderiam ser úteis no processo de recuperação do distúrbio, mas dali para a frente, nem tanto. Queremos evitar voltar a uma situação de privação de sono, portanto, é fundamental que dormir bem esteja no topo da lista de coisas para fazer o nosso melhor na vida.

Todos sabemos qual é a sensação da privação de sono. Você sabe, aquelas noites de farra até altas horas da madrugada, ou maratonando uma quantidade absurda de episódios da sua série de TV favorita ou virando a noite em claro para ver tênis. Conhecemos o quão péssima é a sensação do dia seguinte e o quanto nos sentimos arrasados (e quanto mais de corretivo precisamos passar, ou talvez seja só eu). Ficamos cansados, rabugentos, não conseguimos pensar direito e até achamos complicado formar frases que façam sentido. A fadiga afeta tudo. A única coisa que ficamos propensos a fazer após nos sentirmos assim é ir direto para a cama sem falar com ninguém. É a coisa mais segura a fazer — para todos. Mas consideramos essas noites viradas em claro como coisas fortuitas. Não fazem tão mal assim e, se conseguirmos dormir cedo na noite seguinte, normalmente conseguimos nos recuperar da noite maldormida e voltamos a funcionar como um ser humano.

Só que virar a noite uma ou duas vezes por ano não é o que causa o cansaço, a exaustão e os problemas para dormir que são tão comuns para muitas pessoas. É a privação de sono e o sono interrompido que entram rastejando com frequência em nossas noites, acumulando-se ao longo do tempo para criar um déficit de sono que é predominante em nossa sociedade moderna.

Dormir é mais que somente fechar os olhos e abri-los novamente sete horas depois. Enquanto dormimos, mente e corpo relaxam, se recarregam, voltam ao estado inicial e rejuvenescem. Podemos ter a sensação de que estivemos em um coma profundo em que quase nada aconteceu, mas o sono traz com ele muita atividade cerebral e, sobretudo, uma limpeza. Se não dormimos o quanto precisamos, estamos nos privando de processos vitais que são necessários para nos revitalizar para o dia seguinte. É seguro dizer que não vivemos bem sem um sono de qualidade. E, ainda assim, muitos de nós não dormimos o quanto deveríamos.

Nosso organismo foi condicionado a dormir quando está escuro e ficar acordado quando está claro (chocante, eu sei). Isso fazia total sentido para os nossos antepassados que não queriam ficar expostos tarde da noite, correndo o risco de serem abatidos por um predador. Nós, seres humanos, funcionamos melhor quando estamos debaixo das cobertas para descansar à noite. O sono nos ajuda a conservar energia e consolidar a memória. São quatro os diferentes estágios do sono: N1, N2 e N3 de sono sem movimento rápido dos olhos (NREM), seguido do sono com movimento rápido dos olhos (REM). Os processos envolvidos nesses estágios garantem que nosso corpo fique bem descansado, e que tudo seja colocado onde precisa estar no cérebro para que ele possa funcionar em sua capacidade máxima no dia seguinte.

Se dormimos bem, isso diminui o impacto do estresse e melhora a função cognitiva e nosso desempenho em geral. Ficamos sempre mais renovados após uma boa noite de sono (e, para ser sincera, muito mais simpáticos, muitas das vezes).

Assim como muitas de nossas funções corporais, o sono é gerido por um ciclo circadiano. Esse ciclo natural do sono gera a necessidade de acordarmos em um horário determinado todos os dias e, juntamente com um acúmulo de pressão de sono acumulado, cair no sono em um horário específico. Porém, desde a invenção da lâmpada, dos dispositivos inteligentes e dos gatilhos de estresse modernos, a tendência do ser humano é ignorar tudo isso e fazer o que quiser à noite, visando o nosso próprio entretenimento — muito em detrimento do nosso sono e da nossa saúde mental.

É importante garantir que o sono seja o mais correto possível. Sim, sempre haverá perturbações; haverá momentos em que acordaremos no meio da noite preocupados com a apresentação do dia seguinte, com as contas que precisamos pagar ou com uma conversa incômoda com nosso(a) companheiro(a), ou para conferir se as crianças não foram levadas por um tigre-dentes-de-sabre (opa, essa preocupação era dos nossos antepassados). É normal acordarmos durante a noite e, na maioria dos casos (mesmo às vezes sem percebermos), voltamos a dormir razoavelmente rápido.

Para maximizar a qualidade do nosso sono, existem alguns hábitos saudáveis que podemos incorporar em nossa vida. Em termos do nosso ambiente de sono, o cérebro precisa de um que seja seguro, relaxante e familiar para baixar a guarda e nos colocar para dormir. Em dinamarquês, há um termo chamado *hygge*, que significa um ambiente aconchegante criado para suscitar relaxamento. No contexto do sono, isso significa cobertores quentinhos, lençóis limpos, uma cama confortável e travesseiros macios, e tudo isso são coisas que podemos utilizar para nos aconchegar alegremente quando chega a hora de dormir. O ambiente em que dormimos precisa estar com uma temperatura razoável — a temperatura ambiente perfeita para nós, seres humanos, é de cerca de 18°C. Nosso cérebro também prefere a ausência de ruído, e o cômodo precisa estar na escuridão. As desagradáveis luzinhas de stand-by nas tvs e os zilhões de notificações piscando em nosso telefone podem ser perturbadores. Muito embora possamos estar dormindo em algum nível, nosso cérebro ainda sintoniza frequentemente com o que está acontecendo em nosso cômodo, na casa e até do lado de fora. Portanto, proporcione a ele o espaço relaxante de que necessita.

A nível pessoal, perceberemos que alguns de nossos hábitos podem precisar de alguns ajustes para aprimorar o sono. Nada de julgamento se alguém estiver praticando qualquer um desses comportamentos, mas é válido tentar eliminá-los se estivermos recorrendo muito frequentemente à contagem de carneirinhos. Sempre fico estupefata quando estou trabalhando com algum(a) cliente que sofre com problemas crônicos de sono e ele(a) me diz que bebe um café expresso ou um energético antes de dormir (não estou brincando, isso já aconteceu diversas vezes). Cafeína antes de ir para a cama geralmente não contribui para uma boa noite de sono, portanto, tente manter bebidas que a contêm antes do almoço. A cafeína tem uma semivida de cerca de seis horas, portanto 50% dela ainda fica em nosso organismo seis horas após o consumo. Isso serve também para o que comemos. Procure fazer refeições mais leves nas horas antes de dormir, tenha cuidado com o consumo do açúcar de bebidas alcoólicas e evite licores avermelhados. Ficar a mil por hora antes de irmos para a cama não é nada recomendado quando nosso alarme tocará no dia seguinte às seis da manhã.

Nossa rotina de antes de dormir também é muito importante, e é um benefício adicional que seja mais ou menos a mesma todas as noites (eu sei, é MUITOOO CHATOOO, mas eu disse *mais ou menos*). Se tivermos uma rotina de sono positiva com alguns rituais relaxantes nos momentos antes de deitar, estaremos sinalizando para o cérebro que está chegando a hora de dormir e ele precisa se preparar para isso. O ideal é que deitemos toda noite mais ou menos no mesmo horário, sobretudo quando a hora de acordar for a mesma. Comece a se acalmar uma hora antes da hora de se deitar. Isso pode envolver desligar a TV, os dispositivos eletrônicos, tomar um banho de chuveiro ou banheira com água morna, apagar as luzes (ou pelo menos deixá-las bem fraquinhas), ir ao banheiro, escovar os dentes e depois deitar-se na cama com um livro e um abajur com uma luz bem fraca na cabeceira da cama. Em outras palavras, nada de escrever e-mails caoticamente até dez da noite, deitar-se na cama para ver filmes, desligar a luz e ficar olhando o Instagram, o TikTok e o Facebook. Não é nada bom fazer essas coisas.

Ter um sono saudável é crucial para o nosso funcionamento e nos ajuda a lidar com quaisquer emoções negativas que possamos sentir no futuro. Como adultos, precisamos criar uma rotina pessoal que conduza ao sono, proporcionando ao cérebro o que ele precisa para sua ativação.

Considerações

Eu me sinto energizado e recuperado pela manhã?

Eu me sinto cansado durante o dia com frequência?

Preciso beber mais do que três xícaras de café por dia para me manter alerta?

Tenho dificuldade para dormir à noite?

Preciso me alcoolizar ou me dopar com remédios para conseguir dormir?

Acordo com frequência durante a noite?

Consigo dormir a quantidade de horas recomendadas por noite?

Meu ambiente é propício para uma boa noite de sono?

Tenho um ritual de relaxamento antes de ir para a cama?

Vou para a cama e acordo mais ou menos no mesmo horário todos os dias?

Preciso melhorar meus hábitos de sono?

Como dormir melhor pode prevenir o burnout?

Desafio

Zerar o sono

Comece escolhendo um horário específico de manhã em que você sabe que normalmente precisa acordar (por exemplo, sete da manhã), e configure seu alarme para tocar frequentemente nesse horário (também nos fins de semana). Então, na primeira noite, vá para a cama somente quando sentir os olhos cansados. Mantenha-se ocupado (ainda que esteja muito tarde) e vá deitar-se somente quando souber que cairá no sono. Se permanecer acordado por mais de cinco minutos, acenda um abajur e leia até sentir os olhos cansados. Então, desligue a luz somente quando estiver prestes a cair no sono novamente. Não olhe para o telefone, para um relógio nem para qualquer outro dispositivo iluminado nesse momento. Apenas leia em meio ao silêncio até sentir os olhos cansados novamente. Levante-se no horário em que seu alarme tocar, a menos que acorde mais cedo. Repita esse processo todas as noites para zerar o ritmo do seu sono. Com o passar do tempo, verá que começará a ir para a cama cada vez mais cedo. Perceba como você se sente depois de um mês e verifique se está se sentindo mais revigorado.

Compromisso

Daqui para a frente, me comprometo com esses novos rituais para melhorar a qualidade do meu sono...

Observações

Fale em voz alta

*O maior problema na comunicação
é a ilusão de que ela aconteceu.*

GEORGE BERNARD SHAW

GLENDA, UMA DAS MINHAS PACIENTES, era vice-diretora de uma escola de ensino médio e estava nesse cargo havia muitos anos. Ela era intensamente comprometida com seu trabalho, com sua equipe e com o corpo discente. Seu rosto se iluminava quando falava sobre o trabalho, bem como sobre a comunidade escolar que teve o privilégio de integrar durante quase uma década. Assim como muitos professores e líderes escolares, ela fazia muitas horas extras. Sempre chegava cedo e saía tarde, estava sempre "ligada" nas horas em que a escola estava aberta, dava aulas como professora substituta quando faltava alguém e trabalhava noite adentro para não deixar atrasar seu próprio trabalho, que ela não conseguia concluir durante o expediente em seu papel cada vez maior de "solucionadora de problemas" na condição de vice-diretora durante o expediente.

O expediente de Glenda já era repleto de atividades como lidar com pessoas e tratar das complexidades dos problemas da equipe e dos alunos, mas ela nunca o descrevia de uma forma negativa. Ela falava sobre dias gratificantes, porém cheios, e quando chegava em casa do trabalho, tirava os sapatos de qualquer maneira e se deixava desabar no sofá; seu esgotamento era devido à enorme exaustão de ficar "ligada" o dia inteiro sem um intervalo, mais do que qualquer outra coisa.

Quando tive o prazer de trabalhar com Glenda, ela ainda se sentia assim e descrevia positivamente seu ambiente de trabalho e sua vida doméstica. Como era sempre uma mulher luminosa e esfuziante, ela nunca descrevia nada como ruim, mas havia percebido que estava ficando mais exausta e um pouco ansiosa. Sua carga de trabalho aumentava e sua função de liderança, embora gratificante, a afastava do papel docente que tanto amava. Tudo isso ficou cozinhando em fogo brando durante um tempo. Glenda dizia que não era "nada tão importante", mas o suficiente a ponto de ela ter percebido.

Trabalhamos juntas bem devagar ao longo de algumas consultas, e ela foi se sentindo cada vez mais calma, mais confiante e com mais controle para se direcionar no caminho certo no futuro. Fiquei cerca de dois anos sem vê-la depois disso, até que um turbilhão em forma de um novo diretor chegou à escola e, agitando uma varinha mágica (de um narcisista), destruiu todo o trabalho árduo que Glenda havia realizado com calma, autoconfiança e, obviamente, autocontrole. Glenda nunca havia passado por algo assim, tampouco algum dia fora alvo da ira de uma pessoa com traços de personalidade tão destrutivos.

Toda uma série de novos problemas surgiu e afetou o psicológico de Glenda. Uma carga de trabalho absurda para gerir, ignorada e desconsiderada em reuniões, além de ser microgerenciada, enganada e sofrer com controle excessivo e atitudes abusivas ao longo de meses a fio, incluindo seus deveres habituais (que eu e ela havíamos trabalhado muito arduamente para equilibrar, vejam vocês), tudo isso fez com que Glenda desenvolvesse um burnout severo. As consultas com Glenda logo passaram a ser totalmente sobre como lidar com uma personalidade problemática no trabalho, e por que a comunicação é essencial.

Precisamos conseguir nos comunicar livremente com as pessoas. Obviamente, é ótimo nos comunicarmos sobre os acontecimentos normais do cotidiano, bem como sobre as coisas positivas que estão acontecendo, mas também precisamos discutir questões que habitam nossas mentes e nos levam a ter emoções negativas. Não é nada bom sufocar emoções e conversas mal resolvidas, assim como os gritos quando alcançamos a um ponto de ruptura.

Assim que chegamos à conclusão de que estamos nos sentindo de uma determinada maneira sobre alguma coisa em nossa vida, e identificamos algo que precisa ser modificado para passarmos a nos sentir melhor, é fundamental comunicarmos isso às pessoas que precisam saber. Não há motivo para mantermos uma conversa na nossa cabeça no chuveiro ou no volante do nosso carro. Esses diálogos internos geralmente ocorrem quando estamos em nosso estado mais eloquente (com um humor sarcástico, ainda por cima), mas infelizmente eles parecem não ocorrer assim na vida real. É preciso dar início a essas conversas o mais rápido possível com quem quer que precise ouvi-las para que possamos resolver eventuais problemas. É ainda mais importante comunicarmos como nos sentimos às pessoas que podem ter gerado a situação que nos levou a sentir emoções negativas.

Algumas dessas conversas serão, de fato, bastante incômodas, só que, sem elas, os problemas não vão embora e permanecem sem solução, provocando uma angústia desnecessária. É isso que pode levar ao burnout: um acúmulo de emoções que não foram tratadas, pois a comunicação não ocorreu.

A comunicação, em seu estado mais simples, está na transmissão de informações. É o envio e o recebimento de mensagens entre as pessoas com as quais convivemos. Torcemos para que nossas mensagens para outras pessoas sejam recebidas e absorvidas, e vice-versa, mas o mundo não é perfeito e, por diversos motivos, isso nem sempre acontece. Às vezes as pessoas não entendem o que dizemos, e outras vezes, podem ficar na defensiva. Em muitos casos, decidimos não dizer absolutamente nada, e, ainda assim, acreditamos que a pessoa deveria saber o que queremos dizer. A menos que tenhamos o talento de transmutar nossa mensagem para as pessoas à nossa volta por meio de alguma espécie de psicocinese, temos que dizer em voz alta o que sentimos para evitar o burnout no futuro. Precisamos estar em constante troca com o mundo ao nosso redor, o que inclui as pessoas que o habitam. A comunicação é muito importante.

Os limites também merecem uma menção especial aqui. Na verdade, merecem um livro especial só para eles devido à grande importância que devemos lhes conferir. Depois de todo o trabalho árduo que fizemos para nos recuperarmos e nos curarmos do burnout — todo o árduo esforço psicológico que fizemos para voltar melhores do que nunca — se não protegermos isso, adivinha? Tudo acaba voltando aos poucos. E é aí que os limites entram em cena, ou que precisam ser estabelecidos.

Assim como uma cerca ao redor de uma propriedade em que vivemos nos mantém em segurança, bem como as coisas que têm valor para nós, os limites nos protegem. Eles nos mantêm alinhados com o que sabemos que é extremamente importante para nós, com o que nos faz sentir bem, com o que queremos que permaneça conosco e com o que sabemos que precisamos para sermos felizes.

Sem a cerca, ou os limites, o mundo exterior e tudo o que o acompanha podem fazer estragos.

O detalhe dos limites é que a responsabilidade de comunicá-los é nossa. Precisamos pensar bastante no que queremos e no que não queremos em nossa vida. Se não conhecermos esses detalhes e não conseguirmos comunicá-los às outras pessoas, elas continuarão fazendo o que bem entenderem — mesmo quando isso não funciona para nós. Somos os únicos que podemos dizer "sim" ou "não". E, por mais simples que pareçam essas monossílabas, o "não" é, sobretudo, o mais difícil, principalmente se achamos que falamos "sim" demais.

O estabelecimento de limites junto a terceiros pode assumir diversas formas, mas uma fórmula simples é dizer como você se sente, por que se sente desse jeito e o que precisa que aconteça. Por exemplo: "Estou me sentindo muito sobrecarregada no momento porque minha carga de trabalho está pesada demais, considerando o prazo, e eu gostaria de ter uma conversa sobre como aliviar a pressão". Outro exemplo que pode ser útil no aspecto doméstico: "Estou me sentindo muito frustrada; tenho muito trabalho para fazer nos cuidados com a casa e eles estão acumulando, então, podemos conversar sobre colocar uma pessoa aqui para fazer alguns dos serviços domésticos?". Ou mesmo um exemplo social: "Estou me sentindo tão exausta ultimamente porque minha carga de trabalho está muito pesada e estou trabalhando até muito tarde todas as noites, então não posso sair com vocês esta noite, pois preciso ficar em casa para descansar e recarregar as energias".

É claro, uma determinação de limite ainda mais simples é dizer "NÃO" com um grande ponto-final. Podemos dizer isso como uma frase completa, sem qualquer tipo de explicação, e isso é uma prerrogativa nossa. Muitas pessoas em sua jornada para estabelecer limites específicos ainda se sentem um pouco incomodadas por não dar essas informações adicionais para explicar por que precisam que a mudança aconteça. Mas se você ficar à vontade apenas dizendo um simples "não", então, que bom para você!

Quanto mais limites estabelecermos, mais conseguiremos fazê-lo de forma calma, firme, autoconfiante e respeitosa, e melhor nos sentiremos. Ficaremos mais alinhados com o que realmente queremos da vida e começaremos a nos sentir melhor... mas não imediatamente. Fica complicado antes de ficar fácil, e precisamos nos preparar para isso. Às vezes, ansiamos por um enorme alívio emocional ou por uma abundância de liberdade e uma chance de voltarmos a ser nós mesmos, mas acabamos vendo que terminamos dentro de uma sopa emocional de culpa e arrependimento por ter dito qualquer coisa. As pessoas para as quais estabelecemos limites podem ficar chocadas, decepcionadas, rejeitadas, magoadas ou tristes, e pode parecer que temos culpa nisso. Essa sensação pode ser tão pesada que ficamos tentados a voltar atrás para que todos possam simplesmente ficar em paz novamente. Entretanto, se fizermos isso, seremos nós que não ficaremos em paz e voltaremos a ficar sobrecarregados, podendo chegar ao burnout.

Então, o que fazemos depois de finalmente termos criado coragem para dizer algumas palavras que significam "Sou importante", "Eu conto", "Eu importo" e "É disso que preciso para ser minha melhor versão" *e ainda* manter nossos limites firmemente no lugar? Paramos de nos sentir responsáveis pelos sentimentos dos outros. É responsabilidade deles serem autoconscientes sobre seus próprios sentimentos, processá-los e regulá-los (justamente como venho ensinando a você). Muitas vezes você perceberá que as pessoas que mais se revoltam com os nossos limites são justamente de quem a gente precisa se proteger com mais ferocidade. Se eles se incomodam com os nossos limites, são eles que precisam ir buscar sua própria ajuda (mandem-nos vir a mim). Mas, falando sério, não podemos fazer as outras pessoas sentirem nada; são elas que devem processar isso e entender. Na maioria das vezes, as pessoas são respeitosas com relação aos nossos limites, e uma hora ou outra acabam aprendendo quais são as nossas necessidades.

Minha cliente Glenda teve que fazer justamente isso. Ela chegou a pensar em abandonar o emprego que amava, mas, com o passar do tempo, foi ficando mais assertiva e eloquente na forma como se comunicava com o diretor. Por meio de reuniões a distância entre eles dois e da determinação clara dos limites que comunicavam como ela se sentia e por que, e também definindo comportamentos que entendia serem inaceitáveis, ela conseguiu comunicar ao diretor o que não aceitaria. Nem sempre era fácil — e o diretor ainda a desconsiderava às vezes —, mas a partir de uma perspectiva terapêutica, essas conversas estavam acontecendo, o que era melhor para Glenda. Ainda é um trabalho em andamento — assim como todas as nossas histórias.

Falar em voz alta também compreende comunicar nossas histórias. Significa conversar com quem está à nossa volta e compartilhar o que sentimos, pensamos e pelo que estamos passando. Isso não só nos ajuda a nos conectar com outras pessoas, como também permite que as outras pessoas se conectem conosco. Fomos condicionados a nos conectarmos com os outros, portanto, para passarmos pelas provações e tribulações de uma maneira saudável, precisamos ter com quem conversar — incluindo familiares, amigos, colegas, sábios anciãos, mentores e profissionais. A boa comunicação pode facilitar o apoio de que precisamos para nos curar e prevenir o burnout.[14] Pergunte-se: existe alguma coisa que preciso falar em voz alta?

Considerações

Preciso falar em voz alta com as pessoas com mais frequência? Em casa? No trabalho?

Consultar um profissional de saúde mental, coach ou mentor seria útil para mim?

Quem são as pessoas mais próximas a mim com quem posso debater, receber apoio ou conversar sinceramente?

Preciso ser mais aberto com aqueles à minha volta?

Preciso estabelecer algum limite específico que seria útil para mim? Com quem seria?

No que seria benéfico para mim se eu comunicasse esses limites?

O que acontece se eu não fizer isso?

Será que tenho alguma conversa mal resolvida acontecendo em minha mente? Quem são meus interlocutores?

Se não houvesse nada que me impedisse, o que eu diria às outras pessoas?

Como me comunicar mais com as pessoas à minha volta pode prevenir o burnout?

Desafios

Estabelecer limites

Pense em uma pessoa na sua vida para quem você está sempre dizendo "sim", quando lá no fundo, na verdade, você quer dizer "não". Uma boa ideia, nesse caso, é você refletir sobre seus princípios e perceber se eles podem estar comprometidos. Permaneça em meio às sensações negativas de quaisquer limites que estejam sendo ultrapassados e pense no que precisa acontecer para que essas sensações desapareçam. Marque uma reunião com essa pessoa e, durante a conversa, calmamente lhe diga como você está se sentindo (falando as frases na primeira pessoa do singular), revele os motivos (concentrando-se no comportamento) e depois indique o que precisa acontecer a seguir (em termos de ações). Por exemplo, "Estou me sentindo sobrecarregado porque tenho projetos de trabalho em andamento, então não serei capaz de assumir essa tarefa neste momento". Perceba como você se sente ao se livrar desse peso.

Compromisso

Daqui para a frente,
me comprometo com
esses novos rituais para
implementar limites mais
claros em minha vida...

Observações

Divirta-se

Não paramos de brincar porque envelhecemos;
envelhecemos porque paramos de brincar.
George Bernard Shaw

Minha cadela, uma mistura de husky, chamada Chilly, sabe que o andar de cima de nossa casa é o lugar perfeito para ataques aleatórios de euforia. Por mais que normalmente fique relegada ao primeiro andar com suas brilhosas tábuas de piso de madeira (e escorregadias para patas peludinhas), ela, com rebeldia, nunca perde uma oportunidade de disparar para o andar de cima quando ninguém está olhando. Quando começam os estrondos e as pancadas no teto acima de nossas cabeças parecendo uma tormenta, e Chilly não está deitada em sua cama, sabemos que uma oportunidade de ouro para um ataque aleatório de euforia foi descoberta.

Para aqueles que não sabem o que é um ataque aleatório de euforia, é uma explosão de energia frenética e inexplicável que acontece espontaneamente e sem outro motivo além de puro prazer. Para Chilly, significa correr a mil por hora por vários cômodos da casa com uma satisfação louca e saltar sobre todos os móveis, levando ao ar todos os travesseiros e tapetes à medida que sai em disparada pela casa. Esses ataques podem durar uns bons cinco minutos, mais ou menos. Considerando que ela é uma cachorra de trinta quilos, é sempre melhor para nós sairmos do caminho de Chilly durante um ataque aleatório de euforia, principalmente se quisermos manter intactos os ossos das nossas pernas. É puro deleite observar essas explosões de energia, e nunca consigo segurar as risadas.

Brincadeiras espontâneas são algo em que nós, adultos humanos, somos péssimos, falando francamente. E, se vemos um adulto que seja um perito em bobeira (ou em ataques aleatórios de euforia), rapidamente o rotulamos de palhaço ou idiota. Porém, considerando que é o antídoto perfeito para o estresse, talvez incorporar um pouco mais de diversão ou brincadeiras em nossas vidas adultas seja uma coisa em que todos precisemos pensar. Isso é particularmente verdadeiro no mundo em que vivemos, onde parecemos estar em uma infinita "permacrise" (crise permanente) que fica sempre suscitando mais emoções negativas em nosso interior. Ter pronta uma bolsa de truques e brincadeiras para nos equilibrar com algumas emoções positivas é justamente o que o médico, ou a nossa psicóloga amigável, nos está recomendando.

O curioso com relação a crianças pequenas (e minha cachorra) é que a maioria delas sabe se divertir. São espontâneas, cheias de imaginação e não ligam para quem está olhando. Elas pensam no que querem fazer para se divertir, e simplesmente fazem. Conseguem se perder em atividades prazerosas por longos períodos e, mesmo nos momentos aparentemente mais bestas, têm uma consciência reduzida de si mesmas. É somente quando começamos a obter retorno do mundo exterior que podemos nos desviar daquilo a que nos sentimos inerentemente atraídos, em termos de brincadeiras e diversão, e a buscar a conformidade com a sociedade. Começamos muito precocemente a nos alinharmos com o que as pessoas à nossa volta — nossos pais, irmãos, amigos, colegas de escola e a sociedade em geral — consideram apropriado. Em consequência, as atividades nas quais nos sentimos naturalmente atraídos por diversão lentamente se esvaem. Então, nos tornamos adultos (mais conhecidos como os combatentes da diversão).

Comportar-se como criança, às vezes, e entrar em brincadeiras são coisas que nós, adultos, deveríamos fazer com mais frequência. Tanto que várias organizações estão contratando pessoas para ensinar brincadeiras de adultos às suas equipes, bem como incorporar uma ideia de brincadeira no design do escritório. Já ficou comprovado que a diversão amplia o trabalho em equipe, a inovação e a conexão, reforça a criatividade e a produtividade, ajuda na solução de problemas e previne o burnout.[15,16] Ela nos retribui com uma fagulha, sobretudo quando parece que partes da vida estão tentando tirar nossa luz.

Já foi comprovado que a brincadeira modifica nosso humor. Obviamente, no momento estamos quase sempre sorridentes ou risonhos, o que tem diversos benefícios. Aumenta a felicidade, momentaneamente e ao longo do tempo, quando colocamos mais diversão em nossas agendas movimentadas. Também reduz o estresse e a ansiedade. É difícil deixar-se envolver por pensamentos inquietantes quando estamos no meio de um jogo de adivinhações, gargalhando com um meme engraçado ou ouvindo um amigo contar uma história de um momento desagradável de um dia de bebedeira. Também já ficou provado que a brincadeira melhora os relacionamentos, pois nos auxilia na conexão com as pessoas de nossas vidas. Quando estamos brincando, estamos totalmente vivendo o momento e envolvidos com aquela pessoa — ainda que essa pessoa seja você mesmo. Os benefícios da procrastinação para auxiliar a melhorar o humor e aliviar as emoções negativas precisam ser seriamente considerados. Ela atua como uma espécie de promotora de equilíbrio.

Para a maioria de nós, adultos, a brincadeira é uma coisa que está gravemente ausente em nossa vida. Costumo perguntar às pessoas onde podem, intencionalmente, priorizar a diversão em suas vidas. O lado triste é que muitos não fazem a menor ideia de por onde começar. Quando solicitados a pensar no que faziam para se divertir no longínquo passado, eles podem até se lembrar de uma ou duas coisas, mas isso ficou tão distante no tempo que eles se sentem meio bobos se forem retomar essa atividade.

O termo "brincadeira" é de difícil definição porque não existe uma forma de brincadeira que sirva para todas as pessoas e situações. Em um mundo adulto que gira em torno de resultados, conquistas e competição, a brincadeira é justamente o oposto de tudo isso. Ela diz respeito a prazer e fazer algo cujo único propósito é justamente esse. Costuma ser voluntária (de modo que fica totalmente a nosso critério o que queremos fazer) e é subjetiva (o que uma pessoa acha divertido é um absoluto horror para outra pessoa). Tem quem deteste gato, mas eu morro de rir aqui sozinha assistindo a compilações de vídeos engraçados de gatos. Outras pessoas prefeririam uma risadinha mais discreta com os amigos que pode ser extremamente entediante para algumas pessoas. Ainda há aqueles que escutam seu comediante favorito, de quem outras pessoas simplesmente não acham graça.

Saber o que nos diverte, o que nos faz rir e o que nos faz nos perder um pouco é importante. Pode ser movimentar nosso corpo como uma forma de brincadeira, brincar com coisas como um tipo de brincadeira ou utilizar nossa imaginação para brincar. Pode ser uma brincadeira comemorativa ou de contação de histórias. Pode ser simplesmente rolar pelo chão em uma espécie de brincadeira de briga. A brincadeira é nossa e podemos fazer do jeito que quisermos.

Se estivermos tendo problemas para pensar com que tipo de coisa podemos ser brincalhões, podemos lembrar da infância e nos reconectarmos com aquelas alegrias do passado. Sim, ainda podemos brincar de LEGO e, sim, ainda podemos assistir a filmes antigos. Quais eram os talentos naturais que nos estimulavam quando éramos mais jovens? O que nos deixava realmente empolgados quando éramos crianças? Há oportunidades de diversão e brincadeiras em todos os lugares, mas precisamos sair para procurar. Animais de estimação, crianças, filmes, músicas, memes, playgrounds, parques de diversão, bolas, penas, brinquedos, piadas, histórias, *reels*, puns e pessoas engraçadas. Procurem as pessoas engraçadas! Mesmo nos momentos mais difíceis da vida, ainda conseguimos encontrar humor e alguma coisa divertida neles.

Comecemos a nos permitir ser mais brincalhões. Vejamos a mudança de energia em nosso interior e nas pessoas ao nosso redor quando começamos a ficar um pouco mais brincalhões. Livremo-nos do medo e da vergonha e incorporemos mais brincadeira, leveza e diversão em nossas vidas. É o antídoto para o estresse que é mais do que coisa de criança.

Considerações

Eu rio com frequência?

Eu sou brincalhão com outras pessoas na minha vida?

Eu conto piada ou mostro meu lado pateta para outras pessoas?

Tenho um bom senso de humor? Se sim, eu o demonstro?

Eu costumava ser divertido quando era mais jovem?

Eu me sinto mais produtivo depois de ter parado para me divertir?

Percebi que fico mais criativo depois de ter dado uma risada ou feito algo bem bobo?

Procuro coisas em que achar graça?

Já tive algum insight ou momento esclarecedor enquanto estou fazendo atividades divertidas?

Eu me sinto relaxado e reenergizado depois de um evento social com os amigos?

Já me senti menos estressado depois de um dia divertido na rua com os amigos?

Como incorporar mais brincadeiras em minha vida pode prevenir o burnout?

Desafio

Comédia

Não há nada como um espetáculo de comédia para nos distrair e nos energizar ao mesmo tempo. Procure alguma comédia local em sua área e organize uma noite de farra com seus colegas do trabalho ou amigos. Simplesmente vão e se divirtam uns com os outros. No dia seguinte, reflita sobre o que aconteceu enquanto estava no espetáculo, prestando atenção especificamente ao que a sua mente fazia, quais eram seus níveis de estresse, para onde seus pensamentos o levavam, seus níveis de energia e a conexão do grupo com o qual você estava. Perceba os benefícios que apenas algumas horas de brincadeira, humor e diversão tiveram para você e para as pessoas ao seu redor.

Compromisso

Daqui para a frente,
me comprometo com
esses novos rituais para
trazer mais diversão
para minha vida...

Observações

Seja grato

Basta é um banquete.

PROVÉRBIO BUDISTA

Busquei meus filhos na escola praticamente todos os dias nos últimos doze anos. Um lado muito bom de ter meu próprio negócio é que fui capaz de adaptar meu trabalho aos horários de entrada e saída da escola todos esses anos. É claro, a disponibilidade de uma motorista particular todos os dias provavelmente foi subestimada por meus filhos. Tenho certeza de que, inconscientemente, eles são gratos, porque ficam horrorizados quando ocasionalmente não posso ir e eles têm que fazer a longa viagem para casa de ônibus. Para quem conhece adolescentes, eles costumam estar morrendo de fome no horário de saída da escola e ter que estar em algum lugar dez minutos depois de chegar em casa, além de passar praticamente o dia inteiro se segurando para usar seu próprio banheiro. Então, é terrivelmente inconveniente para eles não serem levados de carro para casa (aqui entra o revirar de olhos).

Sempre achei esse passeio de carro uma oportunidade útil para conversar com meus filhos, pois me proporciona, na condição de mãe, um tempo para bater um papinho com eles e ouvir um resumo sobre o dia antes de eles saírem correndo porta adentro e sumirem. No carro, eu os tenho à minha disposição, o que é muito útil para conversar com adolescentes que não querem mais conversas olho no olho com os pais — eles podem bater um papo com segurança no carro e olhar para você de soslaio sem que você sequer perceba.

Agora que meus filhos estão mais velhos, a minha adolescente ainda me dá um relato detalhado sobre seu dia, do minuto em que ela chegou à escola até o momento em que a busquei (o que, para ser sincera, toma a maior parte do caminho até em casa), porém, o meu adolescente, que acha que a escola não vale nada, é capaz de resumir seu dia inteiro com um "foi normal". Muitas vezes, quando tento espremer para ver se sai mais alguma informação sobre o dia dele e percebo que ele não quer fazer um relato completo, simplesmente pergunto: "Qual foi a melhor parte do seu dia?" ou "Pelo que você se sente grato?". A resposta dele nunca falha: "Comida". E, de canto de olho, nos olhamos no carro, com um sorriso. É uma pequena vitória, uma pequena apreciação, um pequeno reconhecimento de que há algumas coisas boas que acontecem em um dia e que não saíram do zero na escala Richter de um adolescente. E isso acompanha uma pequena mudança no modo como ele se sente.

Para ser sincera, tenho certeza de que ele não é o único que lista "Comida" como o ponto alto do dia, mas é muito fácil para todos nós focarmos as emoções negativas que um dia difícil pode suscitar. Como já mencionei, todas essas emoções negativas que vivenciamos ao longo do dia são válidas, mas se não fizermos nada com elas, podem nos estagnar e mudar a forma como enxergamos o mundo. Elas se acumulam, e nós não só quase nos tornamos essas emoções, como também vemos o mundo através das lentes do que quase nos tornamos (velho rabugento, alguém?). Então, é só isso que enxergamos, e é só isso que inevitavelmente sentimos que recebemos do mundo.

Além de nossa nem tão útil capacidade "humana moderna" de acumular emoções e armazená-las como um esquilo guarda nozes para o inverno, também carregamos o (mais útil) viés de pessimismo de nossos ancestrais. Essa ferramenta de sobrevivência nos permitiu ficar em um constante estado de alerta, esquadrinhando os ambientes para que nenhuma ameaça negativa em potencial (por exemplo, um tigre-dentes-de-sabre) nos matasse. Mas se ficarmos constantemente procurando ameaças, pensando nelas, as prevendo, e sentindo as emoções associadas a essa desgraça iminente, adivinhem? Não ficaremos de bom humor.

Portanto, em muitos casos, as pessoas vivem sentindo que a felicidade fica em algum lugar do futuro. Às vezes, achamos que sabemos o que nos deixará felizes: não ter que trabalhar, o fim das preocupações, talvez um(a) companheiro(a), muito dinheiro e, é claro, uma Maserati. Qualquer um fica feliz dentro de uma Maserati, certo? Muitas pessoas acreditam que se conseguirem essas coisas no futuro serão, consequentemente, felizes.

Uma das coisas que nós, seres humanos, temos em comum é que todos desejamos a felicidade, mas a enxergamos muito longe, lá na frente, e a condicionamos a algo acontecer conosco ou para nós. Negamos o poder que temos sobre nossos sentimentos no momento presente. Nossa infinita busca pela felicidade baseada no futuro é simplesmente isso: uma busca. Está sempre um pouco fora do alcance. As emoções de hoje atrapalham, e parece que nunca chega a nossa vez. E mesmo quando chegamos à felicidade, ela é fugaz e transferimos o objetivo final para mais além no futuro novamente. Até mesmo as pessoas que têm Maseratis fazem isso (acreditem). Sim, muitas pessoas chegam a conseguir o que acham que querem e, ainda assim, não são felizes. Também há pessoas que passam por inúmeras adversidades e são muito felizes. Isso mostra que a felicidade não tem a ver com tudo dar certo ou com conseguirmos o que achamos que nos deixará felizes. A felicidade tem origem, na verdade, no sentimento de gratidão pelo que acontece em nossa vida neste momento. Mesmo quando é difícil ou quando sentimos uma mistura de emoções negativas.

A gratidão é uma emoção que envolve expressar apreciação pelo que temos no momento presente. É gratidão pelo que é. Sim, podemos ser gratos pelo clima, pela comida que comemos, pelos sapatos vermelhos que a loja tem em estoque no nosso tamanho (uma apreciação muito válida, na minha opinião) e pelas pessoas que temos em nossas vidas, mas estou falando sobre gratidão em um nível mais profundo, com um hábito contínuo de sentir o quanto a gratidão é enorme.

Quando estou trabalhando com meus clientes, muitas vezes sugiro um ritual de gratidão como dever de casa — não só como parte do processo de cura, mas como algo que possam fazer frequentemente para, aos poucos, reprogramarem seus cérebros visando a uma perspectiva mais equilibrada de suas vidas. Normalmente a reação que se segue é um revirar de olhos ou uma cara de "está falando sério?", porque a simplicidade da coisa parece quase ofensiva. É equivalente ao conselho de "pense positivo" que outras pessoas nos dão quando estamos sentindo justamente o oposto. Mas insisto que todos explorem o poder da gratidão deste dia em diante.

Mais pesquisas estão sendo feitas com relação ao poder da gratidão. Já ficou comprovado que ela não só aumenta a felicidade ao longo do tempo, como está intensamente relacionada a todos os aspectos do bem-estar. A gratidão melhora os níveis de energia, otimismo, autoestima e conexão. Também ficou comprovado que ela diminui o estresse, a ansiedade e a depressão. A gratidão está associada a um risco reduzido de dependência de nicotina, álcool e drogas, bem como a um autocuidado aprimorado, incluindo uma maior probabilidade de prática de exercícios físicos.[17,18,19] Todas essas coisas fazem parte da minha lista dos melhores conselhos psicológicos.

Quando não paramos e literalmente agradecemos por nossas bençãos, nosso viés de pessimismo seduzirá nossos pensamentos para o lado sombrio como uma forma de nos manter seguros, ressabiados e, com bastante franqueza, em um estado de tristeza e melancolia. Em seguida, infelizmente, de uma forma meio "sobrenatural", temos a tendência de manifestar mais disso. Envolver-se de gratidão intencionalmente, o que ajuda o cérebro a recobrar o foco nas coisas boas do presente, afeta o modo pelo qual percebemos a realidade, de forma que não ter gratidão pode nos causar um bloqueio. Sem ritualizar de forma consciente a gratidão, talvez não consigamos os sentimentos equilibrados dos quais precisamos para prevenir o burnout.

Fazendo uma observação animada, a gratidão pode ser uma das ferramentas mais menosprezadas a que todos temos acesso todos os dias, e podemos começar a utilizá-la imediatamente. Não toma muito tempo, é acessível, não precisamos da ajuda de ninguém para colocá-la em prática e nem sequer ler um livro sobre ela. Assim como sugere o famoso slogan da Nike, temos que "simplesmente fazer".

Podemos ser gratos, agradecidos, reconhecer as graças que recebemos, ficar eufóricos ou apenas incrivelmente atônitos pela grandiosidade de uma coisa muito específica que está acontecendo neste momento. Permita a liberação de emoções enquanto pensa sobre seus motivos para ser grato; sinta-os. Sim, podemos ser gratos por nossos filhos ou por nosso lar, mas precisamos tentar deliberadamente ser intencionais com as observações sobre nosso ambiente. Quero mais adjetivos, mais descrições e mais detalhes dos momentos complexos do dia. Precisamos perceber os tons suaves do artista de nossa canção favorita enquanto ela toca em nosso fone de ouvido no trem, indo do trabalho para casa. Precisamos apreciar o belo e insolente barman com seu harmonioso sotaque italiano que fez nosso *cappuccino* com leite de soja. Precisamos nos sentir gratos por nosso melhor amigo nos mandar, pelo direct do Instagram, os vídeos de animais fofinhos na hora exata em que precisávamos de algo para nos animar.

Precisamos divulgar os micromomentos de vitória de nossa vida cotidiana e refletir sobre eles em nosso ritual de gratidão — mesmo que o restante do dia tenha sido jogado no lixo. E se, eventualmente, não conseguirmos encontrar motivos pelos quais ser gratos, sempre haverá "comida".

Considerações

Tenho tendência a dar mais atenção aos pontos negativos na maioria das vezes?

Ao final do dia, tenho tendência a falar mais sobre coisas que não deram certo do que coisas que deram certo?

O que foi melhor hoje em comparação a ontem?

O que foi melhor este ano em comparação ao ano passado?

Por quais relacionamentos na minha vida posso ser grato?

Quais fatos aconteceram que me deixaram muito contente?

Pelo que sou mais grato com relação à cidade e ao país em que vivo?

Pelo que sou mais agradecido com relação à minha vida profissional?

Quais partes de mim eu não iria querer mudar e pelas quais sou grato?

Sou grato por quais atividades da minha vida em que me envolvo e gosto?

Quais artistas, músicos, autores e outros profissionais criativos gosto e aprecio?

Como demonstrar gratidão pode prevenir o burnout?

Desafio

Ritual de gratidão

Deixe um caderninho especial ao alcance da mão e faça deste desafio um ritual para a hora de dormir. Todas as noites, durante um mês, conclua o seu dia refletindo sobre pelo que você se sente grato naquele dia. Pense de três a cinco diferentes motivos para gratidão e os anote no caderninho. Escreva sobre eles detalhadamente, inclusive refletindo sobre como se sente e as emoções associadas. O truque aqui é pensar em diferentes motivos para gratidão a cada dia, não importa se são grandes ou pequenos. Se fizer isso durante um mês, poderá ter 150 coisas diferentes para relembrar pelas quais demonstrou gratidão naquele mês. Que legal!

Compromisso

Daqui para a frente,
me comprometo com
esses novos rituais para
cultivar mais gratidão
em minha vida...

Observações

Pratique a mudança

A mudança é difícil a princípio,
desordenada no meio e linda no final.

Robin Sharma

Não sei quanto a vocês, mas para mim as mudanças antigamente eram lentas. Os verões eram longos, eu sempre sabia qual era a música mais tocada nas rádios e conseguia acompanhar os avanços na tecnologia. Sempre fui a nerd da minha casa na infância e na adolescência, na década de 1980, e a primeira a saber o que estava acontecendo com as atualizações em nossos dispositivos. Eu sabia ligar os cabos do videocassete e conectá-lo à tv. Fui eu quem conseguiu ligar o computador Commodore 64 que tínhamos e ensinei meus pais como usá-lo. Também fui eu que ensinei todos a usar um telefone celular, na época em que tinha o tamanho de um tijolo. Mas, hoje em dia, parece que não sei de mais nada.

Tudo muda com tanta rapidez agora; meus produtos tecnológicos me enviam mensagens todos os dias para atualizá-los, não faço a *menor ideia* de como conectar qualquer coisa na TV, e só Deus sabe qual é a música mais tocada nas rádios agora. Nem a minha idade eu sei mais. Tenho mantido a mesma idade nos últimos anos porque não tenho paciência para fazer os cálculos. A mudança era lenta e gradual. Parecia que tínhamos mais tempo para acompanhar. Hoje, a coisa é rápida, radical e imprevisível, e muitas pessoas estão angustiadas em consequência disso.

No local de trabalho, somos donos da empresa, prestadores de serviços temporários, freelancers, consultores, empreendedores e trabalhadores temporários. Integramos a "Grande Demissão", mas também estamos "nos demitindo silenciosamente" e, em consequência disso, integramos a "Grande Exaustão". Existem mais novos termos agora do que nunca. No mundo dos negócios, falamos sobre Vuca e Tuna para descrever o mundo volátil, incerto, novo e ambíguo em que vivemos.

São tantas as peças móveis, que nosso cérebro não consegue acompanhar o que pode acontecer depois. A menos que nos tornemos psicologicamente adaptáveis e nos movimentemos com adequação à mudança, podemos nos sentir sobrecarregados e incapazes de acompanhar, o que causa estresse. O cérebro não foi feito para suportar mudanças constantes, mas, se previrmos que as mudanças continuarão acontecendo, podemos prepará-lo para ser maleável e adaptável a quaisquer mudanças que haja no futuro. Daqui para a frente, precisamos nos acostumar com as mudanças, ser adaptáveis ao que acontece no contexto de nossas vidas e estar preparados para adotar uma nova direção.

Nos agarrarmos às emoções associadas à resistência psicológica à mudança nos deixará exaustos. Vejam o que aconteceu durante a pandemia: houve tanta perturbação, tantas mudanças impostas quando não estávamos lá muito preparados, e muita gente sentiu medo do que poderia acontecer — principalmente quando não podiam prever o que aconteceria. O burnout está mais presente do que nunca após a pandemia, e certamente não está relacionado apenas ao trabalho. Está relacionado a tudo. Quando fazemos parte de uma comunidade global de pessoas que estão cronicamente estressadas, temerosas, perturbadas, repletas de incertezas, vivenciando ausência de controle, sentindo-se desconectadas e lidando com enormes mudanças sociais impostas com as quais estão tendo problemas para conviver, teremos uma sociedade com o burnout cada vez mais presente. Mas a mudança não vai acabar. Ela veio para ficar.

Para que vivamos nossa melhor versão da vida (no trabalho e em casa), precisamos ser adaptáveis. Está comprovado que uma mentalidade adaptável é uma ótima providência contra mudanças. Ser adaptável pode facilitar abraçar a perturbação no futuro e neutralizar o impacto psicológico que ela exerce sobre nós. É uma mentalidade que nos permite o aprimoramento contínuo à medida que nossos modos de viver mudam no futuro.

Níveis elevados de capacidade de adaptação significam que podemos lidar melhor com as mudanças e, portanto, ser menos afetados quando as coisas, inevitavelmente, mudarem no futuro (inevitavelmente significa que *acontecerá*). O pensamento adaptável compreende a capacidade de reconhecer situações inesperadas, considerar rapidamente diversas maneiras de reagir e decidir sobre o melhor passo a seguir em tempo real (sem ser movido por emoção). Então, como nos tornamos mais adaptáveis? Como nos preparamos para um mundo que mudará constantemente? Como podemos ser resilientes quando a vida nos força a mudar de trajetória em direção a um sentido que não queremos seguir? Precisamos nos preparar. Para sermos adaptáveis, precisamos começar a praticar. Estarmos preparados para mudar de rumo a qualquer momento significa que precisamos praticar para as mudanças — começando agora.

Precisamos sair da zona de conforto com mais frequência e fazer coisas que nos assustem um pouco. Precisamos nos propor desafios com atividades novas e diferentes. Precisamos ouvir formadores de opinião com quem costumamos não concordar, ler livros de escritores de quem costumamos não gostar e ouvir as letras das canções de músicos que nunca ouvimos. Precisamos estar abertos a coisas diferentes e nos afastar do viés de confirmação que orienta os nossos gostos, as nossas crenças e os nossos modos de pensar.

Precisamos nos cercar de inspiração. Olhar e aprender com pessoas que passaram pelo que estamos passando, e aprender como elas se transformaram. Ser inspirados por pessoas que estão fazendo o que aspiramos fazer no futuro. Seguir seus pensamentos, ler suas autobiografias e ouvir suas histórias. Elas costumam ser muito mais como nós do que imaginamos. Em um mundo de meios de comunicação que muitas vezes regurgitam as mesmas coisas repetidamente, busque novas ideias, novas pesquisas e novas conclusões. Leia todas as histórias de possibilidades e evite ficar rolando a tela das redes sociais indefinidamente.

Precisamos viajar e ampliar nossos horizontes. O ideal é que seja fora de nossa própria cultura, mas se não pudermos ir para tão longe, devemos ir para algum lugar que nunca visitamos próximo à nossa própria casa. Precisamos explorar e perambular por novos lugares. Em muitas ocasiões, sugeri a clientes que estão presos à rotina que fossem a um shopping diferente a cada semana em vez de ir sempre no mesmo, simplesmente para dar uma arejada. Quanto mais coisas novas experimentamos e mais locais diferentes visitamos, mais o cérebro se ilumina, uma vez que absorve todas as informações sensoriais do mundo exterior em vez de ficar preso dentro de casa entretendo o nosso mundo interno. Precisamos passar mais tempo com pessoas diferentes de nós.

Precisamos adotar uma mentalidade de crescimento e olhar para toda mudança, todo vacilo e todo erro como uma oportunidade de aprender mais. Precisamos dar ao nosso cérebro a oportunidade de construir resiliência, nos permitindo arrumar um pouco de problema, ficar estressados, sentir medo e superar tudo.

Precisamos nos inocular agora para as mudanças futuras. Então, se nos encontramos travados em uma situação complicada em que alguém muda alguma coisa no trabalho ou vivenciamos algo difícil na vida, estamos desenvolvendo uma mente resiliente para superar isso mais facilmente.

A capacidade de adaptação psicológica significa surfar as ondas da mudança, independentemente da força dos ventos. Batalhar contra a correnteza e tentar resistir a ela nos esgotará.

Seguir adiante ao sabor dele e confiar que nos levará ao lugar certo nos ajudará a fluir para onde precisamos estar.

Considerações

Como me sinto quando uma mudança acontece?

A mudança é fácil quando a ideia é minha?

A mudança é difícil quando me é imposta?

Sou resistente à mudança? Como me comporto quando mudanças acontecem?

Eu me torno uma pessoa difícil quando alguém muda alguma coisa?

O que posso fazer para praticar a mudança?

Preciso melhorar minhas habilidades de resolução de problemas?

Sou mente fechada? Preciso ter a mente mais aberta?

Será que meu ego me atrapalha quando mudanças acontecem?

Eu me forço a sair da zona de conforto o suficiente?

Experimento coisas novas com frequência ou tenho minhas manias?

Como praticar mais a mudança pode prevenir o burnout?

Desafio

Experimente algo novo

Pense em algo que você sempre quis fazer nesta vida louca e preciosa. Precisa ser uma coisa que você possa fazer perto de casa e que seja acessível (não precisamos de nenhuma desculpa para você não fazer). Talvez seja aprender a tocar um novo instrumento, aprender um novo idioma ou começar um esporte que você não sabe praticar. Será desconfortável, você não saberá fazer e não terá ninguém para ajudá-lo. Então, você começará essa prática! Você se abrirá para uma coisa nova, e encontrará o seu caminho até lá sem nenhuma ajuda. Vamos, você consegue! Depois que tiver conseguido e experimentado, perceba qual é a sensação.

Compromisso

Daqui para a frente,
me comprometo com
esses novos rituais para
ajudar a abraçar a mudança
em minha vida...

Observações

Viva com autenticidade

*Ser você mesmo em um mundo que está constantemente
tentando torná-lo outra coisa é a maior conquista.*

Ralph Waldo Emerson

No início da minha carreira, eu tinha uma cliente adorável chamada Donna, que passava por uma separação complicada de seu ex-companheiro e vinha cuidando sozinha dos filhos. Seu ex-namorado não era capaz de cuidar das crianças, e Donna não tinha nenhum familiar ou amigo para ajudá-la, pois havia se mudado de sua cidade natal há bastante tempo e tinha pouco contato com seus entes queridos. Sentindo-se emocional e fisicamente exausta devido à intensa rotina diária com os filhos, sem nenhuma espécie de trégua, com privação de sono contínua, gatilhos de estresse referentes a um ex-companheiro instável e a problemas financeiros contínuos por não conseguir trabalhar, Donna vivia em um constante estado de ansiedade, e sentia que não tinha como se virar.

Ela se consultava comigo toda semana e à medida que foi se sentindo um pouco menos ansiosa e mais no controle do seu mundo, passamos as consultas para uma vez a cada duas semanas e em seguida viraram consultas mensais. Nas sessões ela discutia questões diferentes que surgiam, e falar com alguém além de seus filhos pequenos também possibilitava que ela tirasse algum tempo para si mesma — para entender, processar e pensar sobre o que precisava acontecer a seguir com as ocorrências de sua vida.

Uma das partes interessantes das consultas era que Donna e eu tínhamos praticamente a mesma idade e, à época, vivíamos dificuldades semelhantes. Afinal de contas, nós, psicólogos, somos seres humanos (quem imaginaria?). Não somos imunes às provações e tribulações da vida que nossos clientes vivenciam. Separação, divórcio, doença, luto, gatilhos de estresse financeiro e até mesmo questões de saúde mental — nós entendemos vocês. Porém, lamentavelmente, muitas vezes vocês nem sabem por alguns motivos: a) o psicólogo não deve compartilhar informações pessoais com os clientes (a menos que, ocasionalmente, seja particularmente relevante e proveitoso); b) tenho certeza de que vocês não nos pagam para que falemos sobre nós mesmos; e c) muitas vezes não temos sequer tempo suficiente nas consultas para abordarmos os problemas dos clientes, quanto mais os nossos. Mas, falando sério, em várias ocasiões eu já quis compartilhar mais sobre a minha história pessoal com os clientes, principalmente quando eles estão passando por adversidades semelhantes às quais já enfrentei com sucesso. É quase como se eu dissesse: aqui temos uma terapia que se baseia em dez anos de formação, mas, de bônus, temos uma história real, porque é provável que você vá se lembrar melhor dela.

Com Donna, isso aconteceu acidentalmente. Um dia à noite, após o trabalho, eu estava sentada à margem do rio promovendo um jantar tipo piquenique com meus filhos pequenos, e eles foram para o parquinho. Havia outras crianças brincando no escorrega, e inevitavelmente todos eles acabaram correndo pelo parquinho juntos. Quando me aproximei, percebi que uma das mães era Donna. Normalmente, quando vejo clientes em público, ou eles fogem de mim ou o clima fica um pouco constrangedor e eles desviam o olhar, principalmente quando estão acompanhados. Não são todos que contam para seus companheiros que estão se consultando com uma psicóloga, então, é sempre melhor errar pela cautela e fingir que não os conhece — a menos que venham falar com você, é claro, mas Donna gritou "olá" e nos aproximamos para bater um papo. Nada profundo, uma mera conversa entre mães no parquinho sobre seus filhos, e depois cada uma foi para o seu lado.

Depois desse dia, fiquei mais ou menos um ano sem ver Donna, mas, quando apareceu para uma consulta, ela contou que estava bem e que um ponto de virada importante para ela foi me ver sozinha com meus dois filhos naquele dia. Disse ela que voltou para casa naquela noite se sentindo menos só em sua própria história. Ela sentiu uma espécie de proximidade que vinha lhe faltando em seu mundo. O fato de a psicóloga dela trabalhar e criar dois filhos sozinha significava que ela também era capaz de fazer aquilo. E era isso que ela estava fazendo, era isso que a ocupava tanto, e foi o que a manteve tanto tempo sem precisar se consultar comigo.

Quando Donna me revelou isso, a coisa passou a ser um ponto de virada para mim também, pois me fez entender que as pessoas precisam ouvir mais histórias sobre o que as outras estão passando, e que, mais do que nunca, precisamos compartilhar nossas histórias reais para criar uma conexão em torno de nossa humanidade. Quando pessoas próximas a nós demonstram autenticidade, nós nos sentimos menos sozinhos em nossas histórias.

Muitas pessoas passam a maior parte de suas vidas usando uma máscara social para agradar à sociedade, e se tornam um ser ficcional que apresentam ao mundo sempre que estão entre outras pessoas. E como é frequente termos pessoas ao nosso redor nos dizendo quem devemos ser, uma gradual fuga de nossa antiga identidade pode ocorrer. Está na hora de isso acabar.

Quando pensamos no termo "sincero", pensamos que se trata de não mentir. Também pensamos nele em termos do que esperamos das outras pessoas — honestidade, sinceridade, e, obviamente, que não sejam desonestas conosco. Só que é muito mais do que isso. E o mais importante, precisamos olhar para a sinceridade que existe em nosso interior — e então, alinhar nossos comportamentos para que se encaixem. Como disse Eckhart Tolle: "Somente a verdade de quem você é, se percebida, o libertará".

Reaprender a sermos verdadeiros, aprender a sermos nós mesmos — lembrar-nos e, talvez, até retornarmos a quem éramos muito tempo atrás — é o ponto em que nos sentimos mais em paz. Trata-se de darmos a nós mesmos permissão para sermos uma peça de não ficção, uma obra de arte em eterna mudança que está constantemente reagindo, fluindo e mudando em consequência do mundo em que existimos.

Uma das coisas interessantes sobre a autenticidade é que envolve desnudar nossa alma um pouco e compartilhar partes de nós mesmos que mantivemos escondidas. Significa compartilhar nossas dificuldades diárias e as emoções negativas associadas a elas. Talvez envolva compartilhar histórias de momentos em que sentimos vergonha ou culpa. Talvez faça reaparecer feridas antigas. Envolve enganos, fracassos e erros de julgamento. Nos permite compartilhar quem realmente somos, o que realmente queremos da vida, a pessoa que queremos que o mundo veja em nós e o que queremos fazer neste mundo. Revelar e *ser* isso é terapêutico. Tira um peso das nossas costas e, curiosamente, nos conecta com os nossos semelhantes.

Em termos de saúde mental e bem-estar, e das sensações de estresse, ansiedade e pressão que tão frequentemente resultam em burnout, quanto mais verdadeiros formos quanto às nossas dificuldades com nossa saúde mental, mais próximos estaremos de conseguir ajuda. Ser autêntico e compartilhar o que sentimos — e a causa de nos sentirmos assim — com quem está ao nosso redor, nos ajuda a ampliar as possibilidades relativas às formas de nos recuperarmos e curarmos os problemas que estamos enfrentando.

A autenticidade também cria uma maior consciência da sociedade quanto às necessidades das pessoas. Manter nossos sentimentos em silêncio e nossos pensamentos para nós mesmos não cria a mudança de que o mundo precisa tão desesperadamente. Quando mais pessoas são autênticas, isso dá ao mundo os dados dos quais ele necessita para fazer mudanças em uma escala mais grandiosa — isso não acontece quando passamos pela vida falseando as coisas ou filtrando tudo. Ser autêntico nos ajuda, e ajuda as outras pessoas.

Se formos autênticos, as pessoas que não servem para nós sairão de nossa vida para dar lugar às pessoas e oportunidades certas. Vivenciaremos mais fluidez do que jamais vivenciamos. Ser autêntico envolve ser menos perfeito do que a sociedade pede, porém, uma vez que nos acomodamos nisso, a pressão desaparece e ficamos livres — livres para navegar por mares que nunca achamos que fosse possível.

Quando somos autênticos e nos apropriamos de todas as partes do que somos, podemos, então, ter a autoconfiança para brilhar como a pessoa que realmente somos. Só conseguimos brilhar de forma sustentável quando temos energia suficiente para fazê-lo. E quando brilhamos, podemos iluminar os outros à nossa volta. O burnout pode tornar a pessoa brilhante.

Considerações

Eu me mostro para as pessoas como realmente sou?

Quais partes de mim estou escondendo? Por que as escondo?

Quais experiências que passei em minha vida não estou comparti-lhando?

O que receio que aconteça se eu compartilhar essas experiências com determinadas pessoas?

Como me sentirei se eu não compartilhar minha história, juntamente com o que penso e sinto a respeito?

Como compartilhar minhas histórias pode me beneficiar?

Como compartilhar minhas histórias pode beneficiar outras pessoas?

Se eu não tivesse nada a perder, o que eu compartilharia com o mundo?

Com quem em minha vida posso ficar mais vulnerável?

Onde posso me mostrar de forma mais autêntica em minha vida?

Como me mostrar de forma mais autêntica pode prevenir o burnout?

Desafio

Conversas profundas

Pense em alguém com quem você tem um relacionamento — pode ser um(a) companheiro(a), pai ou mãe, amigos ou até mesmo um(a) colega. Agora, pense em algo sobre você mesmo em que pense com frequência e que não contou para essa pessoa e que ainda afeta você profundamente. Se ainda afeta você, é provável que também esteja afetando o seu relacionamento com essa pessoa. Da próxima vez que estiver em uma conversa séria com essa pessoa e sentir que é o momento certo, lenta e suavemente entregue-se mais à conversa. Falando na primeira pessoa do singular, compartilhe suas histórias e os medos que você sentiu ao guardar essas coisas em segredo. Perceba o quanto isso não é apenas terapêutico para você (e um grande alívio emocional), mas como facilita uma conexão mais profunda com a outra pessoa.

Compromisso

Daqui para a frente, me comprometo com esses novos rituais para que eu viva de uma forma mais autêntica...

Observações

EPÍLOGO
ADIANTE

Você tem um cérebro dentro da cabeça.
Tem pés dentro dos sapatos.
Pode tomar qualquer direção que escolher.
DR. SEUSS

ESTE ANO FOI DIFÍCIL. Mais difícil do que o ano passado. Mais difícil do que o retrasado, quando iniciei minha jornada com a necessidade de estar dentro d'água. De fato, determinei que talvez houvesse um ou dois motivos para isso. Talvez fosse porque eu tivesse trabalhado demais novamente, como os psicólogos costumam fazer. Talvez fosse a consequência de uma carga de trabalho excessiva, que às vezes era um pouco difícil manter em dia. Talvez fosse por causa das demandas contínuas com relação ao meu tempo, provenientes das muitas responsabilidades que assumo. Talvez fosse por causa das esmagadoras demandas, além da culpa, por cuidar do meu pai idoso e doente. Talvez fosse porque todas as noites da semana fiquei levando adolescentes para todos os seus treinamentos esportivos e compromissos de trabalho. Talvez fosse porque mais alguns entes queridos faleceram. Talvez fosse por causa de meu amado gato que não resistiu, o que me deixou totalmente arrasada. Talvez fosse porque eu sentia que sempre decepcionava as pessoas, porque é impossível eu estar em três ou quatro lugares ao mesmo tempo. Talvez fosse porque algumas pessoas com quem eu estava trabalhando estivessem me causando estresse e me colocando sob pressão. Talvez fosse a menopausa chegando (sim, ainda). Talvez tenha sido isso tudo junto.

Porém, dessa vez eu percebi. E o resultado foi que os gatilhos de estresse não acumularam (também não tropecei subindo a escadaria de casa... nenhuma vez). Este ano me senti menos exausta e mais saudável do que nunca. Tenho mais clareza sobre o que quero da vida e o que desejo criar nela. Eu me sinto mais calma e mais autoconfiante em minha capacidade de enfrentar a vida e todos os desafios que ela me propõe.

Não foi porque este ano foi perfeito e tudo correu bem. Muita coisa foi difícil e houve momentos banhados de emoções bastante complicadas de superar. Algumas dessas emoções envolveram gatilhos de estresse impostos, algumas eram emoções insistentes que se faziam presentes havia algum tempo, e outras apareceram do nada. Contudo, ao mesmo tempo em que esses gatilhos de estresse chegaram, e depois foram embora com o passar do tempo, rituais de autocuidado aumentaram e me ajudaram a superá-los. As chuveiradas com água morna ficaram mais demoradas, os passeios com a cachorra, mais frequentes, mais limites foram criados, observei mais pores do sol, li mais livros e falei "não" mais vezes.

Não me entendam mal, houve momentos em que a pressão de uma carga de trabalho pesada acumulou demais, e o cansaço excessivo me abateu. Houve momentos em que tive de lidar com pessoas que me fizeram pensar que quem escolhe viver sozinho no meio do mato com trinta gatos até que fez uma boa escolha. Isso é normal, e foi breve. Porém, algumas coisas maravilhosas aconteceram ao mesmo tempo. Para começar, eu não estaria escrevendo este livro se alguns pequenos momentos incríveis não tivessem acontecido também. Sim, a vida pode ficar complicada, mas precisamos de uma base saudável e dos recursos psicológicos certos para encará-la.

Para todos nós, a vida será repleta de momentos difíceis. Algumas pessoas enfrentarão momentos difíceis na infância. Outras enfrentarão adversidades somente mais tarde. Para algumas, parece que as adversidades individuais nunca vão embora. Às vezes, essas adversidades surgem salpicadas ao longo da linha do tempo de uma vida, dando espaço para que se tente processar as emoções necessárias pelo caminho. Outras vezes, é quase como se o universo decidisse lançá-las todas de uma vez só, sem deixar tempo para a pessoa entender nada.

Coletivamente, todos podemos vivenciar os sentimentos associados ao impacto de uma crise global após outra. E, obviamente, podemos estar vivendo adversidades coletivas *e também* as nossas adversidades individuais ao mesmo tempo.

Mas a pepita de ouro de tudo isso é que precisamos *sentir*. Precisamos perceber nossas reações aos acontecimentos dos quais fazemos parte, testemunhando, ouvindo falar ou vivenciando. Precisamos dar a nós mesmos um espaço para perceber o efeito que isso tem em nossa vida, em nossa mente e em nosso corpo. Então, poderemos assumir o controle do que conseguirmos, mudar de direção quando for necessário, modificar o que desejarmos e parar quando precisarmos.

Precisamos sentir o impacto da vida sendo complicada. Precisamos sentir no peito a dor do luto, precisamos sentir o pavor da ansiedade, o pânico de nossos medos e o entorpecimento alucinante do tédio. Então, precisamos escolher novas maneiras de ser para que não fiquemos paralisados nessas sensações. Precisamos utilizar essas emoções importantes para avançar rumo ao que queremos que aconteça a seguir em nossa vida, para que possamos sentir menos essas sensações e nos alinharmos mais às sensações muito melhores: a felicidade, a alegria, a conquista de objetivos, a surpresa, a admiração, a nostalgia, a tranquilidade, o contentamento e o *brilhantismo*.

Nesses tempos voláteis, incertos, complexos e ambíguos, em que podemos ser afetados não apenas pelo que acontece diretamente conosco ou com nossos entes queridos, como também pelo que milhões de pessoas estão sofrendo agora, nunca houve um momento melhor para aprendermos a administrar nossa própria saúde mental para evitar chegarmos ao ponto de ruptura. Podemos ficar sem nos sentir bem durante alguns minutos, uma hora ou até um dia, mas não devemos permanecer assim durante semanas, meses ou anos.

Nossas emoções são temporárias se dermos ouvidos a elas. O tempo, de fato, nos ajuda nessa cura, e somos mais fortes do que imaginamos. A vida ficará difícil e nós reagiremos às coisas. Mas precisamos dar ouvidos às nossas necessidades, sentir o que precisa ser sentido, ponderar sobre o porquê disso, ajustar as velas e seguir rumo a uma vida bem melhor do que jamais foi.

Plano de recuperação de burnout

Data: _____

Objetivos: O que desejo garantir que eu vá conquistar neste mês? (Por exemplo, exercícios físicos, relaxamento, meditação, socialização, dizer mais vezes "não").

Por quê: Por que essa conquista é importante para mim?

Providências: Quais micropassos preciso dar para atingir esses objetivos? (Seja o mais específico que conseguir. Por exemplo, o comportamento, quando fará o que decidiu, com que frequência fará etc.).

1.
2.
3.
4.
5.

Ajuda: Relacione todas as pessoas das quais precise do apoio, clubes/organizações a que precise se associar, indicações que precise fazer ou recursos que precise conseguir para conquistar esses objetivos.

Recompensa: Escreva uma recompensa que você possa dar a si mesmo se conquistar esses objetivos.

Reflexões: Escreva em um diário, contando como você se saiu neste mês, quais foram suas conquistas e seus obstáculos, quais novas mudanças precisam acontecer e quais conselhos poderia dar a si mesmo para o próximo mês.

Agradecimentos

Primeiramente, obrigada à Simone Landes, que enxergou meu potencial para escrever e me orientou na direção certa para tornar este livro realidade. Obrigada à Kelly Doust, à Elizabeth Robinson-Griffith e ao restante da equipe da Affirm Press por gostarem desta ideia, por enxergarem isto como uma questão importante que teria repercussão e por me guiarem com celeridade em minha primeira aventura editorial.

Obrigada à minha família e aos meus amigos, que estão sempre prontos para dar apoio e ouvir as muitas, muitas ideias que fico animada para transformar em realidade. Jamais subestimem a importância das nossas longas caminhadas pela praia, dos jantares que nunca acabam e dos bate-papos regados a *prosecco* maroto.

Gostaria de agradecer às centenas de pessoas com quem tive a honra de trabalhar ao longo dos anos. Aprendi muito e continuo aprendendo sobre a condição humana através de suas histórias.

Obrigada aos meus lindos filhos, Lali e Luca, que, simplesmente por "existirem", me inspiram todos os dias. E é claro, minha bebê peluda, Chilly, meu antídoto contra o estresse. Sem nossas longas e errantes caminhadas pela natureza, este livro não teria sido escrito.

Referências

1. Organização Mundial da Saúde (oms), 2019. cid-11: *Classificação Internacional de Doenças para Estatísticas de Mortalidade e de Morbidade*. Disponível em: https://icd.who.int/en.

2. Bianchi, R.; Mayor, E.; Schonfeld, I. S. & Laurent, E., 2018. "Burnout and depressive symptoms are not primarily linked to perceived organizational problems". *Psychology, Health & Medicine*, vol. 23(9). Disponível em: https://doi.org/10.1080/13548506.2018.1476725.

3. Roskam, I.; Raes, M. & Mikolajczak, M., 2017. "Exhausted parents: Development and preliminary validation of the parental burnout inventory". *Frontiers in Psychology*, vol. 8. Disponível em: https://doi.org/10.3389/fpsyg.2017.00163.

4. Dyrbye, L. N.; Shanafelt, T. D.; Johnson, P. O. et al., 2019. "A cross-sectional study exploring the relationship between burnout, absenteeism, and job performance among American nurses". *bmc Nursing*, vol. 18. Disponível em: https://doi.org/10.1186/s12912-019-0382-7.

5. Mohren, D. C.; Swaen, G. M.; Kant, I. J. et al., 2003. "Common infections and the role of burnout in a Dutch working population". *Journal of Psychosomatic Research*, vol. 55(3). Disponível em: https://doi.org/10.1016/S0022-3999(02)00517-2.

6. Stojanovich, L. & Marisavljevich, D., 2008. "Stress as a trigger of autoimmune disease". *Autoimmune Review*, vol. 7(3). Disponível em: https://doi.org/10.1016/j.autrev.2007.11.007.

7. Armon, G.; Melamed, S.; Shirom, A. & Shapira, I., 2010. "Elevated burnout predicts the onset of musculoskeletal pain among apparently healthy employees". *Journal of Occupational Health Psychology*, vol. 15(4). Disponível em: https://doi.org/10.1037/a0020726.

8. Hall, N. C.; Lee, S. Y. & Rahimi, S., 2019. "Self-efficacy, procrastination, and burnout in post-secondary faculty: An international longitudinal analy-

sis". *PLOS ONE*, vol. 14(12). Disponível em: https://doi.org/10.1371/journal. pone.0226716.

9. FEDERICI, R. A. & SKAALVIK, E. M., 2012. "Principal self-efficacy: relations with burnout, job satisfaction and motivation to quit". *Social Psychology Education*, vol. 15. Disponível em: https://doi.org/10.1007/s11218-012-9183-5.

10. ALBULESCU, P.; MACSINGA, I.; RUSU, A.; SULEA, C.; BODNARU, A. et al., 2022. "Give me a break! A systematic review and meta-analysis on the efficacy of micro-breaks for increasing well-being and performance". *PLOS ONE*, vol. 17(8). Disponível em: https://doi.org/10.1371/journal.pone.0272460.

11. TSENG, J. & POPPENK, J., 2020. "Brain meta-state transitions demarcate thoughts across task contexts exposing the mental noise of trait neuroticism". *Nature Communications*, vol. 11. Disponível em: https://doi.org/10.1038/s41467-020-17255-9.

12. TOUSSAINT, L.; NGUYEN, Q. A.; ROETTGER, C.; DIXON, K.; OFFENBÄCHER, M.; KOHLS, N.; HIRSCH, J. & SIROIS, F., 2021. "Effectiveness of progressive muscle relaxation, deep breathing, and guided imagery in promoting psychological and physiological states of relaxation". *Evidence-Based Complementary and Alternative Medicine*, vol. 2021. Disponível em: https://doi.org/10.1155/2021/5924040/.

13. SALMON, P., 2001. "Effects of physical exercise on anxiety, depression, and sensitivity to stress: a unifying theory". *Clinical Psychology Review*, vol. 21(1). Disponível em: https://doi.org/10.1016/S0272-7358(99)00032-X.

14. RUISOTO, P.; RAMÍREZ, M. R.; GARCÍA, P. A.; PALADINES-COSTA, B.; VACA, S. L. & CLEMENTE-SUÁREZ, V. J., 2021. "Social support mediates the effect of burnout on health in health care professionals". *Frontiers in Psychology*, vol. 11. Disponível em: https://doi.org/10.3389/fpsyg.2020.623587.

15. PETELCZYC, C. A.; CAPEZIO, A.; WANG, L.; RESTUBOG, S. L. D. & AQUINO, K., 2018. "Play at work: An integrative review and agenda for future research". *Journal of Management*, vol. 44(1). Disponível em: https://doi.org/10.1177/0149206317731519.

16. VAN VLEET, M. & FEENEY, B. C., 2015. "Young at Heart: A perspective for advancing research on play in adulthood". *Perspectives on Psychological Science*, vol. 10(5). Disponível em: https://doi.org/10.1177/1745691615596789.

17. LIN, C. C., 2017. "The effect of higher-order gratitude on mental well-being: Beyond personality and unifactoral gratitude". *Current Psychology*, vol. 36. Disponível em: https://doi.org/10.1007/s12144-015-9392-0.

18. ENMONS, R. A. & MCCULLOUGH, M. E., 2003. "Counting blessings versus burdens: An experimental investigation of gratitude and subjective well-being in daily life". *Journal of Personality and Social Psychology*, vol. 84(2). Disponível em: https://doi.org/10.1037/0022-3514.84.2.377.

19. KRENTZMAN, A. R., 2017. "Gratitude, abstinence, and alcohol use disorders: Report of a preliminary finding". *Journal of Substance Abuse Treatment*, vol. 78. Disponível em: https://doi.org/10.1016/j.jsat.2017.04.013.